Pusteblume

3

Das Sprachbuch

Neubearbeitung

Schroedel

Inhalt

Im Buch stöbern

1 Im **Inhaltsverzeichnis** auf Seite 2/3
kannst du nachschauen,
wie die Kapitel heißen und auf
welcher Seite sie beginnen.

Welche Überschrift interessiert dich?
Schau dir das Kapitel an.

2 Blättere im Buch und suche diese **Bilder.**

Zu welchem Kapitel gehören sie?
Welches Bild gefällt dir noch?
Sucht eure Lieblingsbilder
und sprecht darüber miteinander.

3 In einem Kapitel geht es um **Tiere.**
Schau im Inhaltsverzeichnis nach
und schlage das Kapitel auf.
Auf einer Seite geht es um ein Tier,
das sich nur langsam vorwärts bewegt.
Es legt Eier.
Wie viele sind es?

4 In einem anderen Kapitel stehen **Bücher** im Mittelpunkt.
Dort findest du das Bild von einem Bücherregal.
Welches der Bücher kennst du
oder welches möchtest du gern kennen lernen?

5 Besondere Kapitel sind die **Werkstätten.**
Sie sind auf farbigem Papier gedruckt.
Schau im Inhaltsverzeichnis nach,
wie die Werkstätten heißen
und auf welchen Seiten sie beginnen.
Schau dir die Titelseiten der Werkstätten an.
Schreibe auf, was auf diesen Seiten zu sehen ist.

6 Auf Seite 132 beginnt die **Wörterliste.**
Hier kannst du nachschlagen,
wie die Wörter richtig geschrieben werden.
Schreibe aus der Wörterliste auf:
- Das erste Wort
- Das letzte Wort
- Ein Wort, das du besonders gern magst
- Suche das Wort .

Auf welcher Seite hast du es gefunden?
Schreibe es richtig auf.

7 Denke dir nun selbst noch
eine Suchaufgabe für ein anderes Kind aus.

Meine Buchstaben

Die Anfangsbuchstaben eines Namens können ganz verschieden geschrieben und verziert werden. Diese verzierten Buchstaben heißen Monogramme.

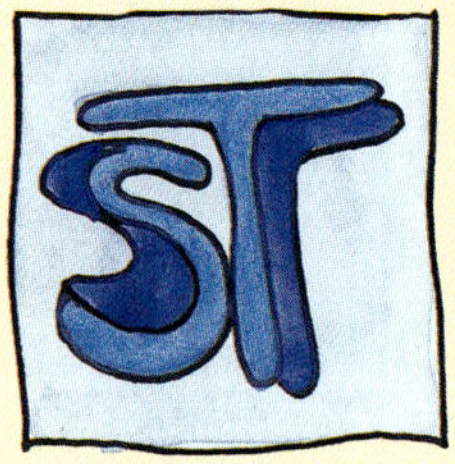

1. Denke dir ein eigenes Monogramm aus.
   Welche Verzierungen passen zu dir?

2. Schreibe die Anfangsbuchstaben deines Namens in einer alten Schrift. Am besten gelingt es dir mit einer Feder oder einem Stück Balsaholz und Zeichentusche.

DACH

APFEL

MAUS

A B C D E F G H I J K L M N O P Qu R S T U V W X Y Z

Buchstabieren

Dieser Computer hat die Aufgabe übernommen, das ABC zu schreiben und zu buchstabieren. Was ist passiert?

1. Schreibe das ABC so auf, wie es dieser Computer buchstabieren würde: A, BE, CE, DE, E, EF, . . .

2. Diese Wörter hat der Computer so geschrieben, wie man sie beim Buchstabieren spricht. Wie heißen die Wörter? Schreibe sie auf.

VAU – O – GE – E – EL
EM – O – EN – A – TE
ES – CE – HA – E – ER – E
JOT – A – CE – KA – E

3. Schreibe deinen Namen in der Buchstabiersprache.

4. Suche dir Wörter aus der Wörterliste heraus. Buchstabiere diese Wörter einem anderen Kind. Dieses Kind schreibt die Lösung auf und liest sie vor.

Geheimschrift

Auf der Geburtstagsfeier von Marie sollen die Kinder einen Schatz suchen. Den Weg zum Schatz finden die Kinder nur, wenn sie die Geheimschrift lesen können.

Die erste Nachricht sieht so aus:

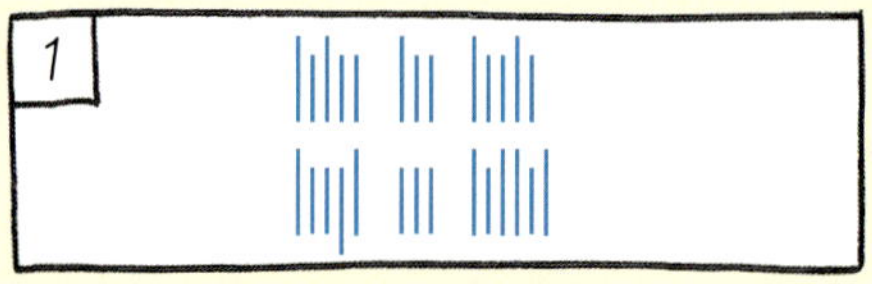

Die Lösung steht auf der Rückseite des Zettels:

1 *Sucht in der Garage einen Zettel.*	1 *Unter der Eiche liegt ein Zettel.*

1. Wo sollen die Kinder hingehen? Woran hast du die richtige Nachricht erkannt?

Die Kinder finden an diesem Ort einen weiteren Zettel. Darauf steht

Der Schatz liegt im  *.*

Auf der Rückseite des Zettels steht:

Kühlschrank   Ofenrohr   Regalfach
Turnschuh   Papierkorb   Hausflur

2. Suche das richtige Lösungswort.

3. Schreibe auch die anderen Wörter von der Rückseite des Zettels in der Strich-Geheimschrift.

Mit Buchstaben arbeiten

Buchstabensalat

A O U

S B R T N

1. Bilde mit den Buchstaben möglichst viele verschiedene Wörter. Du kannst dafür auch die Wörterliste oder ein Wörterbuch benutzen.

So kannst du mit den Buchstaben arbeiten:
- Schreibe nur Wörter auf, die drei Buchstaben haben.
- Schreibe nur Wörter auf, die mit **B** beginnen.
- Schreibe nur Nomen auf.
- Wie viele Wörter kannst du mit diesen Buchstaben bilden? Schreibe sie auf.

Schwierige Wörter

Diese Wörter sind schwierig

ⓐ	gestern	
ⓑ bald	ⓗ	
bisschen	ⓘ	
ⓒ		
ⓓ dann		
ⓔ		
ⓕ		
ⓖ gelb		

irgendwo ohne von vielleicht gelb gestern jetzt lässt nämlich herum hinaus meistens

2. Schreibe die Wörter auf Zettel und ordne sie nach dem ABC.

3. Gestaltet ein Plakat und schreibt eure schwierigen Wörter darauf.

4. Mit der Lernkartei kannst du die schwierigen Wörter üben.

Wörter nach dem ABC ordnen
Arbeit mit Wörterliste, Wörterbuch
Mit der Lernkartei arbeiten

→ Lern-Werkstatt, Seite 77: Üben mit der Lernkartei

→ Arbeitsheft, Seite 4/5: Wörter nach dem ABC ordnen

Ich bin ich

1. Suche die beschriebenen Kinder auf dem Bild.
2. Das Ratespiel kannst du auch mit einem anderen Kind zu zweit spielen.
3. Ihr könnt das Spiel auch mit Kindern eurer Klasse spielen.

Wer ist gemeint?

1 Beschreibe ein Kind aus deiner Klasse. Schreibe es auf.
Diese Adjektive können dir dabei helfen:

blond	schwarz	braun	rot	lockig	glatt	lang	kurz
bunt	gestreift	kariert	geringelt	getupft	kurzärmelig		
traurig	fröhlich	witzig	frech	cool	lustig		

Mein Kind hat blonde Haare. Es . . .

2 Lest euch eure Texte vor und findet heraus, wer gemeint ist.
Woran hast du es erkannt?

> Mit **Adjektiven** kann man genauer beschreiben, wie etwas sein kann oder wie es aussieht.
> Alle Adjektive können zwischen einem **Artikel** und einem **Nomen** stehen. Adjektive werden kleingeschrieben: *ein witziger Junge, die blonden Haare*

3 Schreibe einen Text über dich selbst.
Setze dabei passende Adjektive ein.
So kannst du beginnen:
Ich habe . . . Haare und . . . Augen.
Ich spiele gern mit . . ., weil . . .
Am liebsten trage ich . . .
Heute . . .
Meistens bin ich . . ., aber
aber manchmal . . .

4 Eure Texte könnt ihr in der Klasse aufhängen.

Sophie

Ich bin Sophie. Viele kennen mich schon
aus der zweiten Klasse.
Ich bin seitdem 5 cm größer geworden.
Meine Haare trage ich länger als letztes Jahr.
Im Sportunterricht springe ich höher als Felix
und ich werfe den Schlagball weiter als Klara.

1 Schreibe über dich. Was hat sich bei dir alles verändert?

2 Sophie benutzt in ihrer Geschichte Adjektive.
Schreibe sie mit der Gundform in dein Heft:
lang – länger, kurz – . . ., hoch – . . ., weit – . . ., groß – größer

> Mit **Adjektiven** können wir Dinge **vergleichen.**
> Viele Adjektive lassen sich **steigern:**
> *groß, größer, am größten*

Joshua schreibt:
Gestern bin ich ziemlich schnell gelaufen.
Heute renne ich bestimmt schneller als Leon.
Aber am schnellsten war ich beim Wettkampf vor zwei Wochen.

3 Schreibe jetzt einige Vergleichssätze über dich.

4 Unterstreiche die Adjektive in deinen Sätzen.

5 Steigere einige Adjektive aus dem Kasten. Schreibe sie so in dein Heft:
alt – älter – am ältesten

alt	arm	frech	groß	jung	kalt	klein	lang
mutig	schmutzig		schwach	traurig		wichtig	klug

Ich-Text-schreiben
Wortarten kennen lernen: Adjektiv
Adjektive steigern

→ Sprach-Werkstatt, Seite 105: Adjektive

→ Arbeitsheft, Seite 35: Adjektive
→ Seite 48: Personenbeschreibung

Angst und gute Laune

Angst-Sätze

Immer wenn es blitzt und donnert, ist mir bange.
Immer wenn ein großer Hund kommt, zittere ich.
Immer wenn ich ganz allein bin, habe ich Angst.
Immer wenn . . .
Immer wenn . . .
Aber meistens geht die Angst bald wieder fort.

1 Schreibe einmal deine eigenen Angst-Sätze auf.

Gute-Laune-Sätze

Wenn mein Freund einen Witz erzählt, muss ich kichern.
Wenn mein Papa meine Zehen kitzelt, lache ich mich kaputt.
Wenn meine kleine Schwester mich anlächelt,
bekomme ich gute Laune.
Wenn . . .
Wenn . . .
Aber wenn . . . , verstehe ich keinen Spaß.

2 Schreibe deine Gute-Laune-Sätze auf.

Manchmal möchte ich . . .

Manchmal möchte ich
ein großer Vogel sein.
Dann fliege ich,
wohin ich will

Manchmal möchte ich
ein Kuscheltier sein.
Dann . . .

Manchmal möchte ich
ein Mäuschen sein.
Dann verkrieche ich mich,
dass keiner mich sehen kann.

Manchmal möchte ich
. . .
Dann . . .

3 Schreibe selbst eine kleine Geschichte darüber,
was du manchmal sein möchtest.

Übungskiste

Adjektive mit -lich und -ig

freundlich	witzig	fröhlich	dreckig
fleißig	mutig	ängstlich	natürlich
schrecklich	ruhig	lustig	gemütlich

1. Schreibe die Wörter so in dein Heft:
Adjektive mit der Endung -ig: witzig, . . .
Adjektive mit der Endung -lich: freundlich, . . .

2. Schreibe zu jedem Nomen ein Adjektiv:
der Tag – täglich, der Berg – bergig, . . .

3. Du kannst die Adjektive auch nach dem ABC ordnen.

der Tag	der Berg
der Ärger	der Stein
der Dickkopf	die Schuld
der Biss	die Schrift
der Feind	das Kind
der Mund	der Bock

Abschreibtext

Ich und mein Hund
Das ist meine Hündin Aika. Sie ist ein Schlittenhund. Jeden Tag mache ich mit ihr einen langen Spaziergang. Am liebsten hat Aika große Pfützen, den breiten Bach im Wald und den kleinen Teich in Nachbars Garten. Sie springt wild darin herum und schüttelt sich danach. Das schmutzige Wasser spritzt aus ihrem dicken Fell. Ich mag Aika sehr.

4. Unterstreiche nach dem Abschreiben die Adjektive. Es sind acht.

5. Schreibe die drei Wörter mit **tz** auf.

6. Suche noch mehr Wörter mit **tz** in der Wörterliste und schreibe sie auf.

Mit Adjektiven und Nomen arbeiten
Wörter mit tz
Mit der Wörterliste arbeiten

→ Rechtschreib-Werkstatt, Seite 94: Wortbausteine -ig und -lich
→ Sprach-Werkstatt, Seite 105: Adjektive
→ Arbeitsheft, Seite 16: Wörter mit tz
Seite 25: Adjektive mit -ig und -lich

Modenschau in der 3a

Die Kinder aus der Klasse 3a machen eine Modenschau.
Jedes Kind bringt die Lieblingssachen mit in die Schule.
Auf dem Laufsteg führt Jana ihre Lieblingskleidung vor.
Luca macht die Ansage.
Fritz bedient den Kassettenrekorder für die passende Musik.

Verse fürs Poesiealbum

Einen Freund muss jeder haben,
nicht nur an den Feiertagen,
auch wochentags und immer dann,
wenn man ihn gebrauchen kann.

Ich schreibe kein langes Gedicht,
ich schreibe ganz einfach:
Vergiss mein nicht!

Wenn du mal sehr traurig bist
und das Lachen ganz vergisst,
schau in dieses Büchlein rein,
und sicher wirst du wieder fröhlich sein.

Miteinander leben

1. Schau dir die Familienbilder genau an.

2. Über diese Fragen könnt ihr miteinander sprechen:
   - Worüber unterhalten sich wohl die Personen auf den Fotos?
   - Wer könnte Oma oder Opa sein, wer Vater oder Mutter?
   - Was machen die Personen auf den Fotos eigentlich?
   - Wer ist wohl Mädchen, wer Junge?

3. Bringt eigene Fotos von euren Familien und Freunden mit und erzählt darüber.

Alle sind beschäftigt

Mutter kommt von der Arbeit nach Hause.
Flocki bellt zur Begrüßung.
Mutter ruft ins Haus: „Wer geht mit mir spazieren?“
Aber Karla antwortet: „Ich ? gleich den Flur.
Dann ? ich die Spülmaschine aus.“
Ulrich sagt: „Ich ? schon mal das Abendessen.“
Auch die kleine Lena hat keine Zeit:
„Ich ? ein Bild für Oma zum Geburtstag.“
„Na gut“, sagt Mutter zu Flocki,
„dann gehen wir eben zu zweit.“

räumen
kochen
malen
saugen
machen

1 Setze beim Vorlesen die passenden Verben in der richtigen Form ein.

2 Schreibe die Sätze nun so und unterstreiche die Verben.

Wer <u>macht</u> was bei Familie Kaiser?
Karla <u>saugt</u> . . .
Ulrich . . .
Lena . . .

> **Verben** stehen im **Wörterbuch** in der **Grundform.**
> Die Grundform hat am Ende ein **-en** oder **-n**:
> *schlaf**en**, geh**en**, bastel**n**, . . .*
> In **Sätzen** haben Verben oft eine andere Endung:
> *ich schlaf**e**, du geh**st**, sie bastel**t** . . .*

Alle erholen sich

Ich . . . ein Papierflugzeug.
Du . . . in der Hängematte.
Ulrich . . . in einer Zeitschrift.
Wir . . . mit Flocki spazieren.

falten
schlafen
lesen
gehen

3 Schreibe die Sätze vollständig in dein Heft.

Beim Abendessen

Mutter, Vater, Franzi und Julian sitzen beim Abendessen.

1 Über was wird in eurer Familie beim Essen gesprochen?
Schreibt einige Sätze auf.

> Es gibt verschiedene **Satzarten:**
> Wenn ein Satz als **Ausruf** oder **Befehl** gemeint ist,
> setzt man am Ende ein **Ausrufezeichen** (**!**).
> Ist er als **Frage** gemeint, setzt man ein **Fragezeichen** (**?**).
> Nach allen anderen Sätzen steht ein **Punkt** (**.**).

2 Schreibe für jede Person einen Satz auf.
Mutter: . . . *Vater: . . .* *Julian: . . .* *Franzi: . . .*

3 Lies die folgenden Sätze laut vor.
Setze die Satzzeichen.

Benutze bitte Messer und Gabel
Äh, schon wieder Spinat
Ich habe mir ein Sticker-Heft gekauft
Kann ich bitte die Butter haben
Hast du dir vor dem Essen die Hände gewaschen
Rede nicht, sondern iss
Ich habe heute Frau Schmidt getroffen

Sätze lesen und schreiben
Satzzeichen setzen

→ Sprach-Werkstatt, Seite 115:
Die Satzzeichen am Endes des Satzes

→ Arbeitsheft, Seite 42:
Punkt, Fragezeichen …

Der Ausflug

1. Sieh dir die Bilder genau an. Erzähle dazu eine Geschichte.

2. Wie könnte die Geschichte zu Ende gehen?
Überlege dir einen Schluss.

3. Nun decke die Bilder zu und schreibe die Geschichte aus dem Gedächtnis auf.
   - Diese Wörter können dir beim Schreiben helfen:
     Fahrrad, Radtour, Helm, Picknickkorb, fahren, Burg, Berg, spitzer Stein, stürzen, Verbandszeug, Handy, telefonieren, kommen
   - Deine Geschichte könnte so beginnen:
     In den Ferien wollten Sophie, Lucas und Vater zur Burg Frankenstein radeln.
   - Überlege dir zum Schluss eine passende Überschrift.

4. Lest euch gegenseitig eure Geschichten vor.
Gebt euch Verbesserungstipps.

5. Überarbeitet dann eure Geschichten.

Zu Bildern erzählen
Eine Geschichte erzählen, aufschreiben, vorlesen und überarbeiten

→ Schreib-Werkstatt, Seite 120/121: Texte überarbeiten – Textlupe

Wir wollen mitspielen

1. Sprecht über die Aussagen der Jungen und Mädchen.

2. Ein Junge aus der Bildergeschichte möchte lieber mit den Mädchen spielen. Wie soll er sich verhalten?

3. Spielt die Geschichte vor.

4. Wie soll das Kind sein, mit dem du gern spielen möchtest? Schreibe es auf.
   Ich würde gern mit einem Kind spielen, das . . . . Es . . .

5. Ihr könnt euch eure Texte gegenseitig vorlesen und in der Klasse aufhängen.

Über Aussagen von Jungen und Mädchen sprechen
Verhaltensweisen im Spiel erproben

Melina lässt sich nichts gefallen

Niklas kommt wie immer in die Klasse gestürmt
und rennt zu seinem Sitzplatz. Unterwegs stößt er Melina an.
Sie kippt fast mit ihrem Stuhl um.
Verärgert springt sie auf und hält Niklas am Arm fest.
Wütend sagt sie: „Mach das nicht noch einmal!“
Niklas bleibt erstaunt stehen
und schaut sie von oben bis unten an.

1 Habt ihr eine Idee, wie die Geschichte weitergehen könnte?

2 Spielt die Geschichte zu zweit vor.
Welche Gefühle habt ihr in den Rollen von Melina und Niklas?

3 Melina ist wütend. Das Gefühl **Wut** kennst du auch.
Was macht dich wütend? Schreibe darüber.

> *Freude, Angst, Ärger, Langeweile, Wut, Trauer, Lust, Spaß* und *Mitleid* sind **Nomen** für Gefühle.
> Nomen werden großgeschrieben.

4 Schreibe über Gefühle:
Wenn der Sommer anfängt,
dann habe ich viel Spaß.
Wenn . . ., dann packt mich die Wut.
Wenn . . ., dann bin ich voller . . .
Wenn . . .,

Die Klasse 3a spielt Völkerball

Am Anfang und am Ende der wörtlichen Rede stehen **Redezeichen.**
Vor der wörtlichen Rede kann ein **Begleitsatz** stehen.
Nach dem Begleitsatz wird ein **Doppelpunkt** gesetzt und groß weitergeschrieben.

Dilek sagt**:**	*„Heute fange ich alle Bälle."*
Begleitsatz	**wörtliche Rede**

1. Schreibe jeden Ausruf als wörtliche Rede mit einem Begleitsatz auf.
Für das Wort **sagen** kannst du auch andere Wörter benutzen:
rufen, schreien, bitten, sich beschweren, protestieren, brüllen, . . .
Melina schreit: „Das ist ungerecht!"

Im Morgenkreis

Die Kinder wollen ihrer Klassenlehrerin im Morgenkreis von einem Völkerballspiel erzählen.
Damit nicht alle durcheinander reden, gibt es in der Klasse Regeln.

Regeln für Kreisgespräche

- laut und deutlich sprechen
- nicht unterbrechen
- einander zuhören
- jemandem antworten
- nur mit Redestein sprechen
- sich melden
- warten, bis das sprechende Kind fertig ist
- das sprechende Kind anschauen

1. Sprecht über die Gesprächsregeln.
2. Findet ihr noch mehr Regeln, die für eure Klasse wichtig sind?
3. Schreibt eure Gesprächsregeln auf ein Plakat.

Regeln entwickeln und beachten
Vereinbarungen aufschreiben

→ Lern-Werkstatt, Seite 78/79: In einer Gruppe miteinander arbeiten

Übungskiste

Wörter für Gefühle

die Freude	verliebt	erschrecken
die Angst	freudig	trauern
die Liebe	schrecklich	sich ängstigen
die Trauer	traurig	sich freuen
der Schreck	ängstlich	lieben

1 Jeweils ein Nomen, ein Adjektiv und ein Verb gehören zusammen.
Schreibe sie so auf:
die Freude – freudig – sich freuen
die Angst – . . .

2 Unterstreiche im Heft die Wortbausteine,
die sich nicht oder fast nicht verändern:
die Freude – freudig – sich freuen

3 Schreibe die Verben **lieben** und **sich freuen**
in der Ich-, Du-, Ihr- und Wir-Form:
ich liebe, du . . . , ihr . . . , wir . . .

Abschreibtext

Samstagnachmittag in Lenas Familie
Lena legt die Wäsche in den Schrank.
Die Mutter klebt die Fotos vom Klassenfest ins Fotoalbum.
Ulrich trägt eine Kiste Wasser in den Keller.
Oma fragt Janis nach den Hausaufgaben.
Janis schreibt einen Text in sein Deutschheft.
Und Flocki bleibt gähnend im Garten liegen.

4 Unterstreiche in deinem Heft alle Verben.

5 Schreibe sie noch einmal mit der Grundform auf:
legt – legen, klebt – . . .

Nomen, Adjektive und Verben aufschreiben
Wortbausteine unterstreichen

→ Sprach-Werkstatt, Seite 108:
Verben: die Grundform

Ideenkiste

Spiele ohne Streit

Verbundene Augen
Suche dir ein anderes Kind, schließe die Augen und lasse dich durch die Klasse und über Hindernisse führen.

Kettenreaktion
Alle Kinder stehen im Kreis und halten sich an den Händen. Ein Kind wendet sich an das Nachbarkind und gibt einen Laut weiter, zum Beispiel „Oh“. Das Nachbarkind gibt den Laut weiter. Ist der Laut einmal im Kreis herumgegangen, wird der nächste Laut losgeschickt. Wenn ihr das Spiel gut könnt, könnt ihr auch mehrere Laute zugleich losschicken.

Rücken-ABC
Suche dir ein anderes Kind aus und schreibe ihm ein kurzes Wort Buchstabe für Buchstabe auf den Rücken.

Hüpfspiele

Wochenhinkel

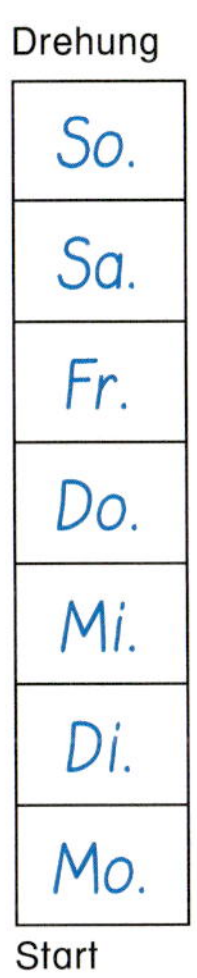

Spielregeln:
1. hüpfen
2. hinken/hickeln/ hinkeln
3. gekreuzte Beine
4. gehen mit geschlossenen Augen

Das nächste Kind beginnt, wenn das vorherige über einen Strich getreten ist oder das Gleichgewicht verloren hat.

Arbeit und Beruf

1. Welche Berufe erkennst du auf den Fotos?
   Sprecht über diese Berufe.

2. Kennt ihr noch andere Berufe?
   Schreibt sie an die Tafel.

Etwas über einen Beruf erfahren

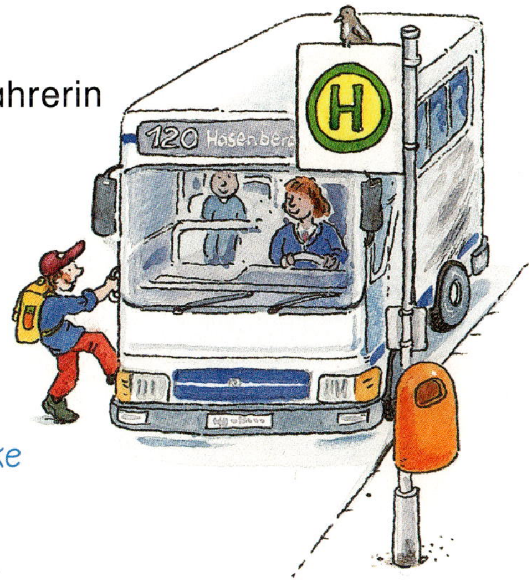

Die Kinder der Klasse 3b möchten eine Busfahrerin in ihre Klasse einladen, um mehr über ihren Beruf zu erfahren.
Die Befragung bereiten sie in der Klasse vor:

- Sammeln

- Aufschreiben

Das weiß ich schon

- *Sie fährt eine bestimmte Fahrtstrecke.*
- *Sie muss einen Führerschein haben.*

Das möchte ich erklärt bekommen

- *Warum hat sie eine Uniform an?*
- *Warum muss der Bus an der Haltestelle blinken?*

- Fragen

1. Ladet andere Personen in eure Klasse ein, um sie nach ihren Berufen zu befragen.

2. Bereitet die Befragungen zu diesen Berufen vor.

Ein Befragung vorbereiten
Informationen einholen

→ Lern-Werkstatt, Seite 78/79:
In einer Gruppe miteinander arbeiten

Wer arbeitet?

Der Briefträger

Die Tierärztin

schreibt ein Buch.

Der Elektriker

fliegt ein Flugzeug.

Die Lehrerin

trägt die Briefe aus.

Die Pilotin

verlegt Leitungen.

Die Taxifahrerin

bereitet das Essen zu.

unterrichtet die Kinder.

füllt den Zahn.

wartet auf den Fahrgast.

Der Koch

streicht die Wände an.

Der Maler

Der Zahnarzt

Die Schriftstellerin

untersucht ein Kätzchen.

kehrt die Schornsteine.

Die Schornsteinfegerin

In diesen Sätzen wird jemand genannt, der etwas tut.
Du kannst ihn mit **wer** erfragen:
Wer streicht die Wände an?
Der Maler streicht die Wände an.
Dieses Satzglied heißt **Subjekt.**

1 Schreibe die Sätze richtig auf.

2 Unterstreiche in jedem Satz das Subjekt.

Sätze richtig aufschreiben
Subjekt unterstreichen

→ Sprach-Werkstatt, Seite 114: Subjekt und Prädikat

→ Arbeitsheft, Seite 41: Subjekt und Prädikat

Frauen und Männer arbeiten

Hausfrau

Ärztin

Krankenschwester

Hausmann

Verkäufer

Arzt

Köchin

weibliche Form	männliche Form
die Pilotin	der Pilot
die Kauffrau	der Kaufmann

Lehrerin

Krankenpfleger

Tierpfleger

Tierpflegerin

Taxifahrerin

Lehrer

1 Trage die Berufe in der weiblichen und in der männlichen Form in eine Tabelle ein. Schreibe die Artikel davor.

2 Bei den weiblichen Berufen mit **-in** am Ende wird die Mehrzahl mit **nn** gebildet:
die Ärztin – die Ärztinnen

3 Was möchtest du denn einmal werden? Schreibe es auf.
Ich möchte Tierärztin werden, weil ich dann kranken Tieren helfen kann.

Eine Tabelle anlegen
Männliche und weibliche Berufe eintragen
Mehrzahl bilden

→ Sprach-Werkstatt, Seite 114: Subjekt und Prädikat

Übungskiste

Berufe

Hausmeister Verkäufer Kassierer Kameramann
Sekretär Florist Fotograf Bäcker
Dachdecker Tischler Arzt Computerfachmann

1. Wie du diese Berufs-Wörter üben kannst:
   - Schreibe sie nach dem ABC auf:
     Arzt, Bäcker, ...
   - Bilde zu jedem Beruf die weibliche Form:
     Hausmeisterin, Sekretärin, ...
   - Schreibe die Wörter mit Trennstrichen auf:
     Haus-meis-ter, ...
   - Schreibe die Wörter nach ihrer Länge auf:
     Arzt, Bäcker, Florist, ...

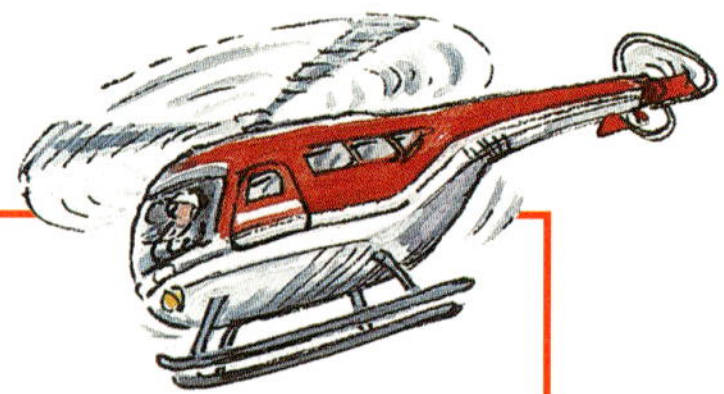

Abschreibtext

Die Feuerwehr
Ein Tanklöschfahrzeug enthält alles zum Löschen.
Die Feuerwehrleute löschen mit dem Wasser Brände.
Die Feuerwehr fährt mit dem Einsatzwagen zum Unfallort.
Bei Unwetter räumt sie Äste und Baumstämme von der Straße.
In Häfen werden Feuerlöschboote eingesetzt.
Manchmal fängt die Feuerwehr auch Katzen ein,
die ängstlich auf Bäumen oder Dächern sitzen.

2. Unterstreiche in den Sätzen die Wörter mit **ä**.
   Schreibe sie in dein Heft
   und suche zu diesen Wörtern verwandte
   Wörter mit **a:** *Brand – Brände, ...*

→ Rechtschreib-Werkstatt, Seite 85: Wörter mit a/ä, au/äu

→ Arbeitsheft, Seite 17: Wörter mit ä und äu

Ideenkiste

Berufe vorspielen

Spielt eure Wunschberufe als Pantomime (ohne zu sprechen) vor. Manchmal benötigt ihr dafür auch einen Mitspieler. Können die andere Kinder den Beruf erraten?

Beruferaten

Ein Kind denkt sich einen Beruf aus. Die anderen stellen Fragen dazu: „Brauchst du einen Hammer?“

Wichtig: Die Fragen müssen so gestellt werden, dass sie mit Ja oder Nein beantwortet werden können.

Berufsbezeichnungen

Sekretärin

Augenoptikerin

Grafikerin

Landwirt

Elektroinstallateur

Automechaniker

Hausmeister

Programmiererin

1. Sammelt zu einem dieser Berufe Informationen.
   Arbeitet zu zweit.
   Schaut in einer Zeitung, im Lexikon oder im Internet nach und befragt Erwachsene.

2. Notiert, was ihr über diesen Beruf erfahren habt.

Etwas pantomimisch darstellen
Informationen sammeln
und notieren

Tiere im Garten

1. Schaut euch das Bild an und sprecht darüber. Wie viele Tiere seht ihr? Wisst ihr, wie sie heißen?

2. Besucht Grünanlagen in eurer Umgebung. Welche Tiere leben dort?

3. Schreibt und malt auf, welche Tiere ihr dort entdecken könnt.

4. Von welchem dieser Tiere weißt du schon besonders viel? Berichte darüber. Welches Tier interessiert dich besonders?

Über ein Bild sprechen
Schreiben und malen

→ Sprach-Werkstatt, Seite 110: Tierbeobachtung

Einen Sachtext lesen

Erdkröten

Erdkröten haben einen plumpen Körperbau.
Ihre Haut ist bräunlich mit vielen Warzen.
Sie leben an feuchten Plätzen im Wald,
auf der Wiese oder im Park.
Sie machen weite Wanderungen
zu ihren Laichplätzen an Tümpeln oder Teichen.
Hüpfen wie ein Frosch, das können Kröten nicht.
Sie watscheln langsam voran.
Ihre Feinde sind Vögel, Dachse, Ringelnattern.
Auch die Marder fressen Erdkröten gern.
Erdkröten sind stark gefährdet durch den Straßenverkehr.

1 Lies dir den Sachtext über die Erdkröten genau durch.

2 Schreibe einen Absatz oder den vollständigen Text in dein Heft ab.

3 Im Text findest du unterschiedliche Informationen.
Unterstreiche in deinem Text:
- Wie sehen Erdkröten aus? Unterstreiche braun.
- Wo leben sie? Unterstreiche grün.
- Wie bewegen sie sich fort? Unterstreiche gelb.
- Wer sind ihre Feinde? Unterstreiche rot.
- Wodurch sind sie noch bedroht? Unterstreiche blau.

Einen Steckbrief schreiben

4 Schreibe nun einen Steckbrief über die Erdkröte in dein Heft.
Sieh dir dazu die unterstrichenen Informationen in deinem Text an.

Steckbrief: Erdkröte
Aussehen: *plumper Körperbau, bräunliche Haut, zahlreiche Warzen*
Lebensraum: ?
Fortbewegung: ?
Natürliche Feinde: ?
Bedrohung durch: ?

Informationen aus einem Tierlexikon

Schnecken

In einem Tierlexikon kann man sich über die verschiedenen Schneckenarten informieren.

Gartenschnirkelschnecke
(Cepaea hortensis)

Seit 500 Millionen Jahren gibt es auf der Erde Schnecken. Eine der häufigsten Schneckenarten ist die *Gartenschnirkelschnecke.* Sie hält sich an feuchten Stellen in Gärten, Parks und Wäldern auf. Ihr Gehäuse ist häufig hell und hat braune und schwarze Streifen. Jedes Tier legt 30 – 60 winzige Eier in ein Erdloch. Nach 2 – 3 Wochen schlüpfen die Jungschnecken aus dem Ei. Ihr Haus ist noch durchsichtig.
Bei Trockenheit im Sommer und Kälte im Winter legt die Schnecke eine Ruhezeit ein. Sie zieht sich an geschützten Plätzen in ihr Haus zurück. Ihr Gehäuse verschließt sie dann mit einem dünnen Häutchen. Im Winter wird diese Haut zu einem festen Deckel. Gartenschnirkelschnecken fressen frische Blätter.

- An welchen Stellen in Gärten lebt die Schnecke?
- Wie viele Eier legt die Schnecke?
- Nach wie vielen Wochen schlüpfen die Jungschnecken?
- Wann legt die Schnecke eine Ruhezeit ein?
- Was frisst sie?

1 Schreibe die Fragen und die Antworten in dein Heft.

2 Überlege dir selbst noch einige Fragen und schreibe sie auf.

Lexikontexte lesen

Gartenschnirkelschnecken

Im Lexikon werden Tiere, Pflanzen und Dinge
mit Adjektiven genau beschrieben,
damit wir sie uns vorstellen können.

Die Gartenschnirkelschnecke legt ___ Eier.
Ihr ___ Gehäuse hat ___ und ___ Streifen.
Sie verbringt ihre Ruhepausen an ___ Plätzen.
Ihr Gehäuse kann sie mit einem ___ Häutchen verschließen.
Die Jungschnecken tragen ein ___ Haus.

1 Schreibe die Sätze in dein Heft und setze die fehlenden Adjektive ein.
Du findest sie im Lexikontext.

Verschiedene Schnecken

Rote Wegschnecke

Weinbergschnecke

Schlammschnecke

Die ___ ist eine große Gehäuseschnecke.
Ihr Schneckenhaus ist hellbraun.
Auf ihrer schleimigen Fußsohle gleitet sie über ein Blatt.

Die ___ ist eine mittelgroße Wasserschnecke.
Sie lebt in Seen und Flüssen.
Ihr eiförmiges Schneckenhaus hat ein feines Muster.

Die ___ hat einen glänzenden roten Körper.
Sie gehört zur Familie der Nacktschnecken.

2 Schreibe die Texte in dein Heft ab.
Setze dabei den richtigen Schneckennamen ein.

3 Unterstreiche alle Adjektive in den Texten.

Informationstext lesen und ergänzen
Texte abschreiben und ergänzen
Adjektive unterstreichen

→ Sprach-Werkstatt, Seite 105: Adjektive

→ Arbeitsheft, Seite 35: Adjektive

Auf der Wiese

Marienkäfer

Unter einem Blatt sitzt ein Marienkäfer.
Er legt dort winzige Eier.
Einige Tage später schlüpfen die Käferlarven aus.
Sie fressen in den nächsten Wochen viele Blattläuse.
Dann verwandelt sich jede Larve in eine Puppe.
Nach zehn Tagen sprengt der neue Käfer
die Hülle der Puppe und kriecht ans Tageslicht.

1 Schreibe den Text vom Marienkäfer in dein Heft ab.
Unterstreiche in jedem Satz das Verb.

> In jedem dieser Sätze steht, was ein Tier **tut.**
> Was tut der Käfer? Er *krabbelt, sitzt, legt, schlüpft, …*
> Dieser Satzteil heißt **Prädikat.**

2 Schreibe die folgenden Sätze in dein Heft ab.
Setze das passende Verb in den Satz ein und unterstreiche es.

fliegt | krabbelt | bewegt | klettert

Ein Marienkäfer ??? auf einen Grashalm.
Er ??? bis auf die Halmspitze.
Dann ??? er seine Flügel.
Er ??? der Sonne entgegen.

Texte abschreiben
Verben einsetzen und unterstreichen

→ Lern-Werkstatt, Seite 75:
Texte abschreiben und vergleichen
→ Sprach-Werkstatt, Seite 114:
Subjekt und Prädikat

Ein Igel im Garten

Bildergeschichte

Garten, kleiner Igel, freuen sich

ins Haus tragen, Futter

telefonieren, Tierarzt,
Katzenfutter aus der Dose,
Wasser

draußen,
Laubhaufen

1 Schreibe die Geschichte in dein Heft.
Die Wörter unter den Bildern helfen dir.
Überlege dir einen Schluss.

Eine Bildergeschichte schreiben
Informationen einholen
Einen Schluss finden

Übungskiste

Spinnennetz Ameisenhaufen Fledermauskasten
Krötenwanderung Schmetterlingspuppe
Vogelnest Schneckenhaus

1. Falls du ein Wort nicht kennst, erkundige dich oder suche in einem Tierlexikon nach der Bedeutung.

2. Wie du diese Tier-Wörter üben kannst:
   - Schreibe die Wörter mit Trennungsstrichen auf:
     Spin-nen-netz, . . .
   - Schreibe die beiden Nomen, die in jedem Wort stecken, mit Begleiter auf:
     das Spinnennetz = die Spinne + das Netz
   - Suche diese Nomen im Wörterbuch:
     die Spinne, Seite . . .

Abschreibtext

Abendliches Schneckenrennen
In der Dämmerung beginnt das Schneckenrennen.
Die Schnecke Nummer 7
kriecht zum Salatbeet.
Es ist Schnecki,
dicht gefolgt von Rudi Rennschneck.
Schon strecken beide Schnecken ihre Fühler aus
und recken sich zum Salatkopf.
Diesmal ist Schnecki die Erste.

3. Unterstreiche alle **ck-**Wörter.

4. Schreibe alle **ck-**Wörter, die man trennen kann mit Trennstrichen auf: *Schne-cken-ren-nen, . . .*

Informationen einholen
Tier-Wörter üben
ck-Wörter üben

→ Rechtschreib-Werkstatt, Seite 84: Wörter mit ck und tz

→ Arbeitsheft, Seite 15/16: Wörter mit ck
Wörter mit tz
Seite 7: Einen Text abschreiben

Ideenkiste

Anna, Tobias und Kofi interessieren sich besonders für den Regenwurm.

1 Sucht euch ein Tier aus, das euch besonders interessiert.
Bildet dazu Arbeitsgruppen.
Ihr könnt euch ein Tierheft anlegen.

2 Das könnt ihr alles machen:

- Schreibt in eure Tierhefte, was ihr schon alles über das Tier wisst.
- Schreibt weitere Fragen zu eurem Tier und die Antworten dazu auf.
- Sucht in Tierzeitschriften, Tierbüchern oder einem Tierlexikon nach Informationen.
- Informiert euch im Internet. Zum Beispiel mit der Suchmaschine www.Geolino.de oder www. Blinde-Kuh.de
- Ihr könnt Fotos und Bilder sammeln.
- Schneidet sie aus oder fotokopiert sie und klebt sie in eure Tierhefte.
- Zeichnet Bilder aus dem Lexikon möglichst genau ab und beschriftet sie.
- Schreibt einen Steckbrief zu eurem Tier.

→ Lern-Werkstatt, Seite 78/79:
In einer Gruppe miteinander arbeiten

Der Blaue Planet

Unser Planet Erde ist aus dem Weltall als blaue Kugel zu sehen.
Der größte Teil seiner Oberfläche ist mit Wasser bedeckt.

1 Beantworte folgende Fragen zum Bild:
Was bedeuten die Punkte?
Was ist in blauer Farbe zu sehen?
Was könnte das Weiße sein?
Was bedeutet wohl der dunkle Schatten?

Über ein Bild sprechen
Fragen beantworten

Wasser in Bewegung

1 Schreibe den Text ab und setze die passenden Wörter ein.

Bach | Fluss | Meer | Strom | Quelle | Wasserfall

Oben auf dem Berg sprudelt eine  aus der Erde.

Das Wasser plätschert als kleiner  durch den Wald.

Bald rauscht es als richtiger  ins Tal.

Dann stürzt es in einem  die Felsen hinunter.

Durch das Land fließt das Wasser dann als breiter  .

Nach vielen hundert Kilometern strömt es ins  .

2 Schreibe mit den Nomen und Verben Sätze.
Beispiel: *In der Dachrinne gurgelt das Regenwasser.*

Nomen		**Verben**	
Regen	Wasserhahn	tropft	strömt
Fluss	Abfluss	tröpfelt	sprudelt
Teich	Quelle	rinnt	plätschert
See	Springbrunnen	spritzt	verdunstet
Meer	Wasserfall	fließt	gurgelt
Welle	Dachrinne	rauscht	prasselt

Wörter wie *fließen, plätschern, tröpfeln* heißen **Verben.**
Mit Verben kann man sagen, was jemand **tun kann**
oder **was passiert.**

Nasse Sprichwörter, nasse Wörter

Er redet wie ein Wasserfall.

Es wird noch lange dauern.

Steter Tropfen höhlt den Stein.

Mit Geduld und Ausdauer kann man auch große Hindernisse beseitigen.

Er kann kein Wässerchen trüben.

Er spricht ohne Pause.

Es wird noch viel Wasser den Rhein hinunterfließen.

Er kann niemandem etwas zu Leide tun.

1 Kennst du die Sprichwörter und Redensarten in den Pfützen?
In den Wannen findest du ihre Bedeutung.
Schreibe auf, was zusammengehört.

Wasser-Wörter

LEITUNG HAHN QUELLE MEER REGEN GRUND
DAMPF UHR **WASSER** FLUSS VERSCHMUTZUNG
WERK FASS TROPFEN SCHLAUCH FALL

2 Schreibe zusammengesetzte Nomen auf,
in denen das Wort **Wasser** vorkommt.
Das Wort **Wasser** kann am Anfang oder am Ende stehen.
Schreibe den Artikel dazu:
das Regenwasser, die Wasserleitung

Zusammengesetzte Nomen bestehen aus zwei Teilen:
Wasser + Leitung.
Das zweite Nomen heißt **Grundwort:** *Wasser**leitung***
Das erste Nomen heißt **Bestimmungswort:** ***Wasser**leitung*

→ Sprach-Werkstatt, Seite 101: Nomen kann man zusammensetzen

→ Arbeitsheft, Seite 31: Nomen kann man zusammensetzen

Wasser mal so, mal so

heiß	
warm	
kalt	
erfrischend	**-e**
gefroren	
salzig	**-en**
frisch	
schmutzig	**-es**
grün	
blau	
klar	
still	

Im kalten Winter kann auch Wasser
sehr … sein.

Mancher warme See ist im Winter … .
Eis ist … Wasser.

In der Badewanne habe ich
am liebsten … Wasser.

Leider gibt es auch
sehr … Wasser.

Das Wasser kann viele Farben haben.
Es kann … sein.
Ich finde … Wasser
besonders schön.

1 Schreibe die Sätze auf.
Setze passende Adjektive ein.
Manchmal musst du noch ein **-e, -en** oder **-es** anhängen.

2 Bilde eigene Sätze, zum Beispiel: *Das Wasser ist kühl.*
Das kühle Wasser erfrischt mich.
Kühles Wasser erfrischt mich.

Wörter wie *heiß, gefroren, salzig* heißen **Adjektive.**
Mit Adjektiven kann man genauer beschreiben,
wie etwas sein kann oder wie es aussieht.
Adjektive stehen oft zwischen **Artikel** und **Nomen.**
Dann verändern sie sich, zum Beispiel.
*warm – das warm**e** Wasser, ein warm**es** Bad*

Geschichten mit Klängen

1 Spielt Klänge zu dieser Geschichte.
- Ein Kind liest einen Abschnitt vor.
  Nach jedem Abschnitt erzeugt ihr die passenden Klänge.
  Oder:
- Während des Vorlesens wird die Geschichte mit den passenden Klängen untermalt.

Der kleine Wassermann

Ein kleiner dicker Wassermann lebte auf dem Meeresgrund in einer Höhle.

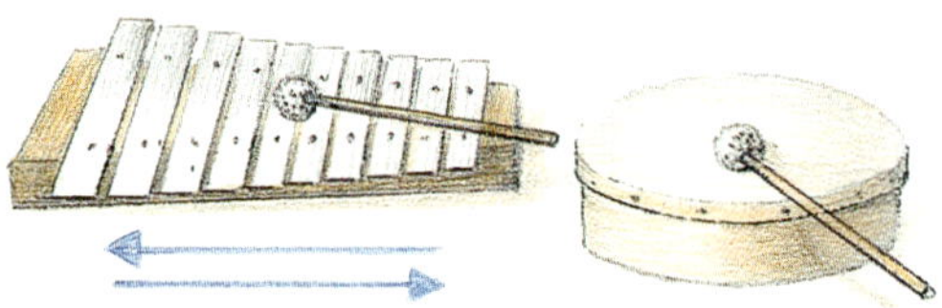

Wenn die Sonne schien, setzte er sich auf einen Felsen und sang.

Mit der Stimme: Wassermanngesang

Viele Fische schwammen an ihm vorbei.

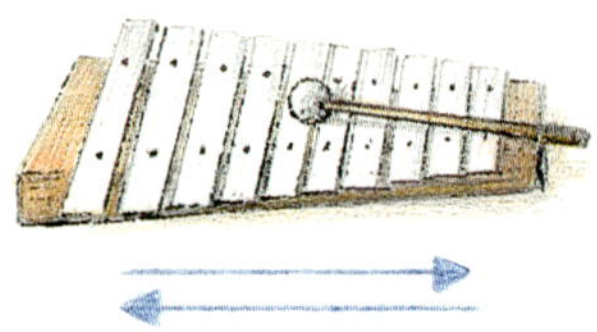

Krebse krabbelten am Felsen hoch.

Muscheln klappten ihre Schalen auf und zu.

Auf einmal veränderte sich das Wetter. Das Meer wurde unruhig.

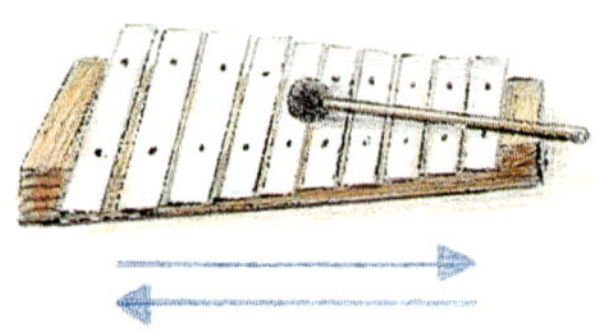

Die Wellen rauschten und klatschten an die Felsen.

Der Regen trommelte auf das Wasser.

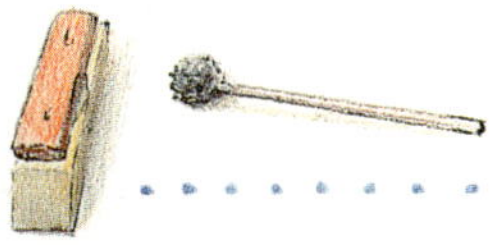

Blitze zuckten
und es donnerte fürchterlich.

Heulend tobte der Wind um den Felsen.

Die Wellen
rissen die Muscheln ins Wasser.

Aufgeregt schwammen
die Fische hin und her.

Vor Schreck sprang
der dicke Wassermann auf.

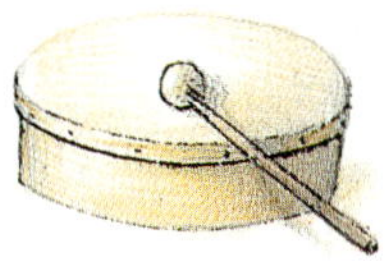

Da warf ihn der Wind ins Meer.

2 Wie könnte die Geschichte weitergehen?
Schreibt einen Schluss und erfindet Klänge dazu.

3 Wer möchte, kann eine eigene Wassergeschichte erfinden
und mit Klängen untermalen,
zum Beispiel:

- Das müde Krokodil
- Ein Papierboot auf großer Fahrt

Übungskiste

1. Die folgenden Verben kannst du ordnen:
Wie sich das Wasser bewegt: *fließen, . . .*
Was wir mit Wasser machen können: *waschen, . . .*
Manche Verben passen in beide Gruppen.

Wasser-Verben

trinken	fließen	schwimmen	plätschern	rinnen
tropfen	waschen	versickern	duschen	sprudeln
regnen	spritzen	strömen	baden	rauschen

2. Suche dir acht Wörter aus
und schreibe noch ein verwandtes Wort hinzu:
regnen – Regenschauer, spritzen – Blumenspritze

Abschreibtext

Wasser ist gesund
Unser Körper braucht viel Wasser.
Auch saftiges Obst gibt uns Flüssigkeit.
Alle Organe brauchen Wasser,
um gut arbeiten zu können.
Unsere Haut bleibt frisch und schön,
wenn sie Feuchtigkeit erhält.
Mit Wasser lässt
sich unsere Nahrung besser verdauen.
Besonders Kinder sollten
immer viel Wasser trinken.
Aber nasse Füße und nasse Haare
sind nicht gesund.
Dabei kann man sich erkälten.

3. In diesem Text kommen fünf verschiedene Wörter mit **ss** vor.
Unterstreiche sie nach dem Abschreiben.

Verben ordnen
Arbeiten mit einem Wortfeld
Wörter mit ss

→ Rechtschreib-Werkstatt, Seite 92:
Wörter mit ß und ss

→ Arbeitsheft, Seite 22:
Wörter mit ss und ß

Ideenkiste

1 Gestaltet ein Bild aus Wasser-Wörtern.

F. K. Waechter

Weitere Vorschläge

Wasserfall	Regenbogen	Dusche	Gartenschlauch	Welle

2 Stellt ein **Flaschen-Glockenspiel** her.
Dafür braucht ihr 10 gleiche Flaschen.
Füllt sie verschieden hoch
mit Wasser
und stellt sie nebeneinander auf.
Wenn ihr sie mit einem Stäbchen anschlagt,
hört ihr unterschiedlich hohe Töne.
Auf dem Flaschen-Glockenspiel
könnt ihr richtige Lieder spielen.

3 Ihr könnt auch versuchen Töne zu erzeugen,
indem ihr über die Flaschenöffnung blast.
Dann wird aus dem Glockenspiel
eine **Flaschen-Orgel.**

Ein Bild gestalten
Töne erzeugen
Fächerübergreifend arbeiten

Fliegen

Name: Montgolfiere
Typ: Heißluftballon
Erfinder: Joseph und Etienne Montgolfier
Baujahr: 1783
Nutzlast: 1 Hahn, 1 Ente, 1 Schaf

Name: Ryan NYP „Spirit of St. Louis“
Typ: Spezialflugzeug zur Atlantiküberquerung
Erfinder: Charles Lindbergh und Donald Hall
Baujahr: 1927
Nutzlast: 1 Person

Schon immer hatten die Menschen den Traum,
sich wie die Vögel in die Luft erheben zu können.
Einen der ersten Versuche unternahmen die Brüder Montgolfier.
Sie bauten einen Ballon, in den sie heiße Luft leiteten.
Er stieg in die Luft.
Im Jahr 1881 baute Otto Lilienthal den ersten Gleiter,
der einen Menschen tragen konnte.
Die ersten Motorflugzeuge wurden etwa um 1900 erfunden.

1 Was weißt du über das Fliegen?
Sammle Bilder und Texte.

2 Gestaltet eine Informationswand zum Thema **Fliegen.**

Mein Traum vom Fliegen

1 Lest euch die Geschichte gegenseitig vor.
Schaut euch die Satzanfänge genau an.

2 Was fällt euch auf?

1. Ich fliege heute zum ersten Mal.
2. Ich bin schon ganz aufgeregt.
3. Ich steige jetzt in das riesige Flugzeug ein.
4. Ich sitze kaum auf meinem Platz, da geht es auch schon los.
5. Ich werde plötzlich in meinen Sitz gepresst.
6. Ich spüre ein Kribbeln in meinem Bauch.
7. Ich sehe die Häuser und Straßen ganz winzig unter mir.
8. Ich fliege nun über dem Meer.

9. Eine Stimme sagt da:
„Alle Fluggäste zur Insel Boribori bitte jetzt abspringen.
Wir wünschen eine gute Landung.“
10. Ich gehe zur Tür und springe hinaus.
11. Ich sehe den bunten Fallschirm über mir.
12. Ich lande genau neben einer Palme am Strand.
13. Ich wache auf einmal auf.
14. Ich liege im Zimmer neben meinem Bett.
15. Eine kleine Muschel liegt an meiner Seite.

3 Überarbeitet die Geschichte und schreibt sie auf.
Dabei könnt ihr euch die Arbeit teilen
(Satz 1 bis 8 und Satz 9 bis 15).
Ihr könnt die unterstrichenen Wörter an eine andere Stelle setzen,
zum Beispiel:
Ich fliege heute zum ersten Mal. – Heute fliege ich zum ersten Mal.

Eine Geschichte vorlesen und überarbeiten

→ Schreib-Werkstatt, Seite 120/121: Texte überarbeiten
→ Sprach-Werkstatt, Seite 112/113: Satzglieder

Flieger bauen

Aus Papier könnt ihr viele verschiedene Faltflieger herstellen.
Sie haben einen Rumpf und Tragflächen
wie ein richtiges Flugzeug.
Einen Propeller und Düsentriebwerke haben sie zwar nicht,
aber fliegen können sie trotzdem.
Der Flieger auf dieser Seite heißt „Habicht“.

1 Falte einen „Habicht“.
Du brauchst ein Blatt festes DIN-A4-Papier.

Der Länge nach falzen,
wieder entfalten

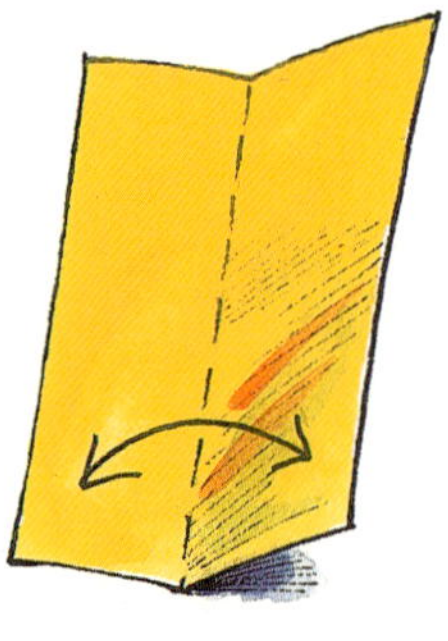

Obere Spitzen zur Mitte falten

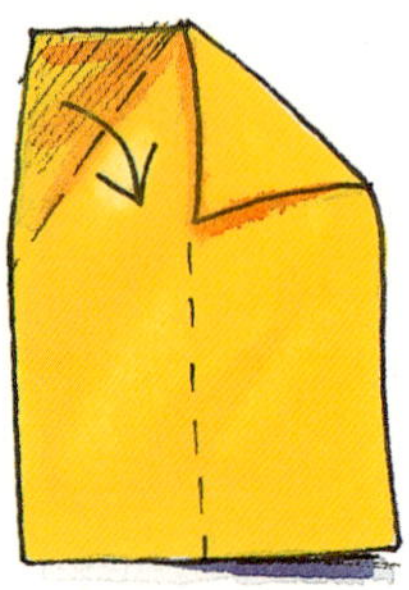

Gesamte obere Spitze nach vorn falten

Beide obere Spitzen wieder zur Mitte falten

Kleines Dreieck nach oben falten und alles umdrehen

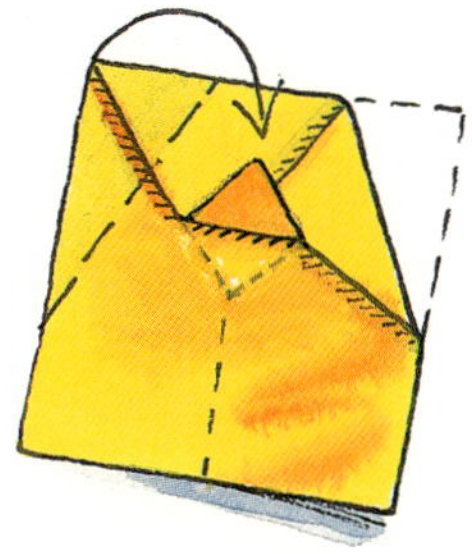

Eine Seite genau auf die andere falten

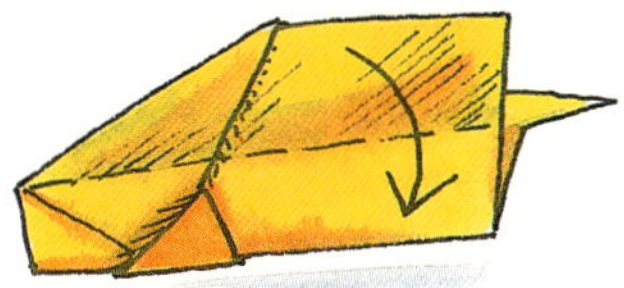

Beide Tragflächen an der gestrichelten Linie herunterfalten

2 Hier bekommst du noch eine Anleitung für ein weiteres Fluggerät, den Segelflügel.
Aber die Sätze sind durcheinander geraten.
Lies dir die Sätze durch. Sicher kannst du dann den Segelflügel bauen und die Anleitung richtig aufschreiben.
Du kannst auch in der Ich-Form aufschreiben, wie du baust.
Ich schneide . . .

1 Halte den Segelflügel hoch und lass ihn einfach fallen.
Er dreht sich schnell und segelt langsam zu Boden.

2 Schneide deinen Streifen kurz vor den Enden
einmal von oben, einmal von unten bis zur Hälfte ein.

3 Schneide einen geraden Streifen Papier zu.
Länge und Breite sind beliebig.

4 Stecke nun die beiden Einschnitte ineinander.
Es entsteht eine Form, die an einen Fisch erinnert.

Sätze ordnen
Ich-Form verwenden
Eine Anleitung aufschreiben

Zeichen auf dem Flughafen

Abflug | Wartesaal | Treffpunkt | Turnhalle

Hier kann man heiraten | Nur 1 Gepäckstück mit an Bord nehmen | Gepäck zu verschenken

Ankunft | Fundbüro | Besucherterrasse

1 Welche Bedeutungen haben diese Bildzeichen?
Sieben der Bedeutungen passen zu den Zeichen,
drei sind witzig gemeint.

2 Auf den Flughäfen gibt es besonders viele Bildzeichen.
Warum mag das wohl so sein?

3 Sammelt noch andere Bildzeichen aus eurer Umgebung.
Stellt sie vor.

Was da so alles rumfliegt!

Rabe Pfeil

Silvesterrakete

Fledermaus Schneeball Drachenflieger Pusteblume

Meise Ente Biene Segeflugzeug

Strauß

Ameise Adler Motte Kuckuck

Lass deine Turnsachen nicht überall rumfliegen!

Flugsaurier

Hubschrauber Raumfähre

4 Welche „Nichtflieger“ haben sich in diese Sammlung eingeschlichen?

5 Versuche die Wörter in zwei oder drei Gruppen zu ordnen.
Suche Überschriften zu den Gruppen.

Eine „fliegende“ Wortfamilie

Das ist das Verb 

.

Das ist der Wortstamm 

.

Und das sind die Bausteine,
die an erster oder letzter Stelle angehängt werden können:

ab- **vorbei-** **-en** **-t**

mit- **weg-** **-e** **-st**

1 Baue Wörter mit dem Wortstamm **-flieg-** und bilde Sätze.
Oft werden dabei die Wortbausteine wieder abgetrennt.
vorbeifliegen – Der Adler fliegt vorbei. Ich fliege vorbei.

Aus dem Wortstamm 

können auch Nomen gebildet werden.
Die werden dann natürlich großgeschrieben.

Segel- **-er**

Stuben- 

-e

Papier- **-erei**

2 Baue Nomen mit dem Wortstamm **-flieg-** und bilde Sätze.
Fliege: Die Stubenfliege landet auf meiner Nase.

→ Rechtschreib-Werkstatt, Seite 93:
Wörter mit Wortbausteinen:
Vorsilben

Übungskiste

Flug-Wörter

HAFEN ZEUG VERBOT NACHT
KARTE LINIE **FLUG** AUS RUND
RÜCK AB SCHEIN HÖHE

1 Mit dem Wortbaustein FLUG lassen sich zusammengesetzte Nomen bilden.
FLUG kann an erster oder an letzter Stelle stehen.
Schreibe die Wörter auf.
Achte auf die Artikel (der, die, das): *das Flugzeug*

Abschreibtext

Dädalos und Ikaros – Eine Sage aus Griechenland

Dädalos und sein Sohn Ikaros
wollten von der Insel Kreta
über das Meer fliegen.
Mit Wachs klebten sie sich
Federn als Flügel an die Arme.
Dädalos ermahnte seinen Sohn,
nicht zu dicht an die Sonne zu fliegen.
Ikaros aber missachtete die Gefahr
und flog sehr hoch.
Das war ein Fehler.
Die Sonne schmolz das Wachs.
Die Federn lösten sich
und Ikaros stürzte ins Meer.

2 Schreibe den Text so ab, dass ihn jeder gut lesen kann.

3 Unterstreiche die Wörter mit **ah, eh, oh.**

→ Sprach-Werkstatt, Seite 101: Nomen kann man zusammensetzen

→ Arbeitsheft, Seite 31: Nomen kann man zusammensetzen

Ideenkiste

**Pflanzen können fliegen –
als Samen**

Samen sammeln und fliegen lassen:
Wie fliegen sie?
Warum fliegen sie?

Einen Lindensamen-Hubschrauber nachbauen

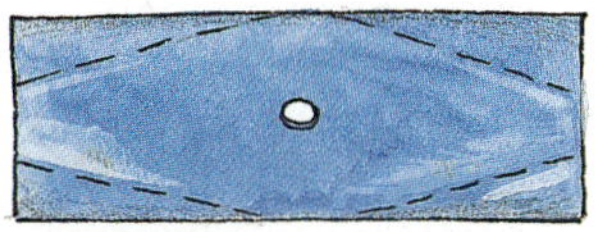

Tragfläche (Pappe)

Stängel (Trinkhalm)

Samen (Knetkugel)

1. Sammelt Samen und lasst sie fliegen.

2. Schreibt Samenfluggeschichten.
Am Ende wächst eine junge Pflanze.

Geschichten von der fliegenden Mühle
Auf einem Spaziergang
sah ich auf einem Berg
eine alte Windmühle.
Die Tür stand offen.
Neugierig ging ich hinein.
Auf einmal ...

3. Schreibe die Geschichte weiter.

4. Zeichne ein „verrücktes“ Flugobjekt. Dazu kannst du etwas schreiben.

Die Vorderseite

Der Bucheinband

Reihentitel

Autorinnen und Autoren haben das Buch geschrieben.

Der Titel ist die Überschrift des Buches.

Oft steht hier der Verlag, in dem das Buch erschienen ist.

Die Rückseite

Der Klappentext

So lebten die
Ritter

Schwerter klirren, Lanzen brechen – stolz treten die Ritter in ihren prächtigen Rüstungen gegeneinander an. Ein großes Turnier findet auf der Burg statt. Kinder lieben die Abenteuer aus der Ritterzeit. Doch wie wurde man zum Ritter? Welches waren die ritterlichen Tugenden? Und wer waren die Kreuzritter? Dieses Buch beschreibt das Leben auf den mittelalterlichen Burgen, schildert die Gefahren eines Burgangriffs und erklärt, was uns von den Rittern blieb.

Das Inhaltsverzeichnis

Das Inhaltsverzeichnis findest du vorn oder hinten im Buch. Darin sind die Überschriften aller Kapitel aufgeführt. Daneben steht die Seitenzahl, damit du das Kapitel schnell im Buch finden kannst.

Inhalt

Die Zeit der Ritter und Burgen	4
Die Burgen	8
Im Inneren einer Burg	12
Im Rittersaal	16
Die Ritter	20
Die Ausbildung zum Ritter	24
Die Ritterrüstung	28
Das Turnier	32
Eine Burg wird angegriffen	36
Ritter- und Heldensagen	40
Register	44

1 Auf welchen Seiten erfährst du wohl etwas darüber,

- wie ein Ritter ausgebildet wurde,
- welche Burgen es gab,
- wie um eine Burg gekämpft wurde,
- wie man in einer Burg gelebt hat?

Notiere die Seitenzahlen auf einem Zettel. Wenn du die Seitenzahlen zusammenzählst, muss die Zahl 80 herauskommen.

2 Zu welchem Kapitel gehören wohl diese Texte? Sprecht darüber.

a) Der Rittersaal war der größte Raum in der Burg. Er war Treffpunkt, Wohnzimmer und Festsaal.

b) Um Ritter zu sein, brauchte man viel Geld für Rüstungen, damit man sich im Kampf schützen konnte.

c) Wenn eine Burg angegriffen wurde, wurde zuerst die Zugbrücke hochgezogen. Kochendes Wasser, heißes Pech und siedendes Öl wurde über die Köpfe des Feindes geschüttet.

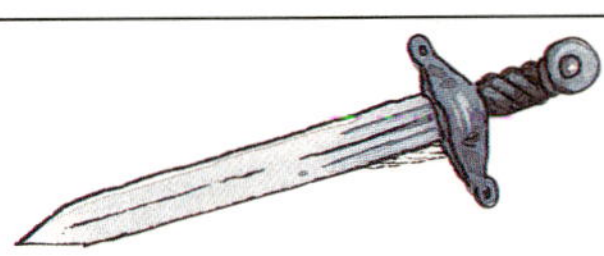

Rittersprüche

Ida hat in einem Buch Rittersprüche gefunden.

1 Was passt zusammen?

Spruch	Erklärung	
1. Die Tafel aufheben	*Früher:* Sich teure Lederschuhe mit langen Spitzen leisten können *Heute:* Verschwenderisch leben	N
2. Etwas im Schilde führen	*Früher:* Die Ausbildung zum Ritter durchlaufen *Heute:* Sich etwas erarbeiten	E
3. Auf großem Fuß leben	*Früher:* Die Bretter und Bänke der langen Festtafel wegräumen, um tanzen zu können *Heute:* Das Essen beenden	L
4. Pech haben	*Früher:* Mit dem Familienwappen auf dem Schild in die Schlacht reiten *Heute:* Etwas (Böses) vorhaben	A
5. Sich die Sporen verdienen	*Früher:* Beim Sturm auf die Burg mit heißem Pech begossen werden *Heute:* Kein Glück haben	Z

2 Schreibe in dein Heft:

Die Tafel aufheben
Früher: Die Bretter und Bänke der langen Festtafel wegräumen,
um tanzen zu können
Heute: Das Essen beenden

Arbeite von Spruch 1 bis 5.
Schreibe den richtigen Buchstaben auf.
Die Buchstaben ergeben ein Lösungswort: eine Waffe der Ritter.

Redewendungen richtig zuordnen
Ein Lösungswort aufschreiben

Bildergeschichte

Der Gewinner wurde
ein berühmter Mann.

Die Ritter versuchten sich gegenseitig mit ihren Lanzen vom Pferd zu stoßen.

Mit Trompetenschall wurde
das Turnier eröffnet.

Dann ging der Kampf
mit dem Schwert weiter.

Der Kampf dauerte so lange,
bis ein Kämpfer aufgab.

Denkt euch selbst etwas aus.

1 Überlege dir eine sinnvolle Reihenfolge für die Turniergeschichte.

2 Schreibe die Geschichte in dein Heft.
Male ein Bild dazu.

Texte und Bilder vergleichen
Richtige Reihenfolge finden
Eine Geschichte aufschreiben
und dazu malen

Bücher ausleihen

1 Oben im Regal der Schulbücherei ist alles durcheinander geraten.
Ordne die Bücher so und schreibe in dein Heft:

Sachbücher	*Geschichtenbücher*
Bäume und Sträucher	*Grimms Märchen*

Für jedes Buch gibt es eine Ausleihkarte:
Titel: Wie das Buch heißt
Autor/
Autorin: Wer das Buch geschrieben hat
Verlag: Wer das Buch hergestellt und veröffentlicht hat

1 Ausleihkarte herausnehmen

Astrid-Lindgren-Schule

Ausleihkarte

Titel: So leben die Ritter
Autor: ?
Verlag: ?

Name	Ausleihtag	Rückgabetag

2 Ausleihkarte ausfüllen mit Namen und Ausleihdatum

3 Ausleihkarte aufbewahren

4 Bei Rückgabe Datum eintragen: Ausleihkarte wieder ins Buch stecken

Wenn du in eine Bibliothek gehst,
bekommst du einen Ausweis mit einer Nummer.
Mit diesem Ausweis kannst du dann Bücher ausleihen.

Lesetagebuch und Computer

Lesetagebuch
4.5.2004
Prinzessin Prunella hat drei Katzen.
Sie heißen Pawlow, Pru und Pringel.
Ich habe auch eine Katze.
Sie heißt Tiger.

Safia liest gerade ein Buch.
Wenn ihr etwas wichtig ist, schreibt sie es in ihr Lesetagebuch.

Wenn du ein Lesetagebuch schreiben willst, mache es wie Safia.

- Sie schreibt über die Hauptperson.
- Sie malt Bilder.
- Sie schreibt ihre Lieblingsstelle ab.
- Sie schreibt, was ihr Angst macht.

Die Klasse 3a hat auf ihrem Klassencomputer das Leseprogramm **www.antolin.de** eingerichtet. Safia freut sich schon darauf, die Fragen zum Buch zu beantworten. Wenn sie alle Fragen richtig beantwortet, bekommt sie viele Punkte.

Übungskiste

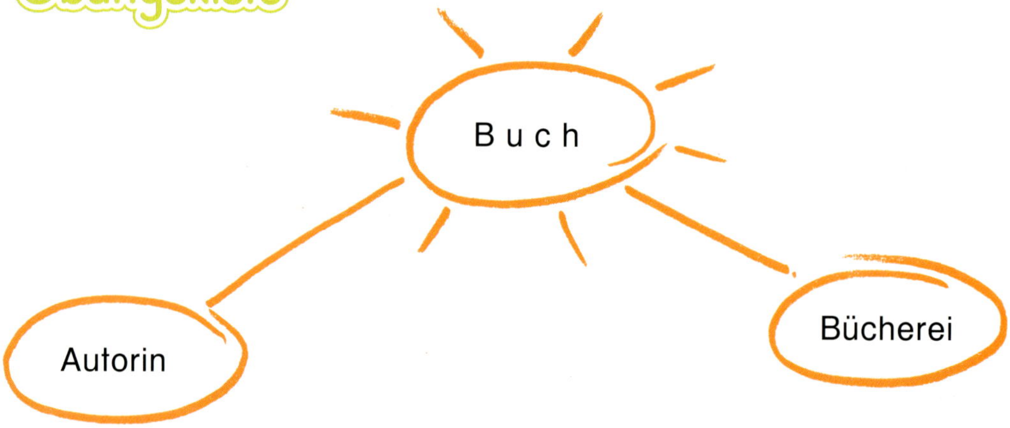

1. Schreibe deinen Gedankenschwarm zum Thema **Buch** in dein Heft.

2. Suche dir fünf Wörter aus deinem Gedankenschwarm aus.
Schreibe fünf Sätze damit.

Abschreibtext

Die Ritter
Die Ritter lebten in Burgen.
Wir leben in Häusern.
Die Ritter aßen mit den Händen.
Wir essen mit Messer und Gabel.
Man badete in großen Holzwannen.
Wir baden in der Badewanne.
Das Wasser kam aus dem Brunnen.
Unser Wasser kommt aus der Leitung.
Auf den Burgen unterhielt oft
ein Hofnarr die Gesellschaft.
Uns unterhält der Fernseher.

3. Unterstreiche in dem abgeschriebenen Text alle Verben.

4. Schreibe so:

Vergangenheitsform (Präteritum)	*Gegenwartsform (Präsens)*
lebten	*leben*
aßen	*. . .*

Gedankenschwarm schreiben
Sätze schreiben
Verben unterstreichen

→ Sprach-Werkstatt, Seite 109: Verben in der Gegenwarts- und Vergangenheitsform

→ Arbeitsheft, Seite 36: Verben: die Grundform
Seite 36/37: Zeitformen

Ideenkiste

Du brauchst:
- eine große Schachtel
- Faden
- Papprollen
- farbigen Karton
- Schere
- Cutter
- Klebstoff

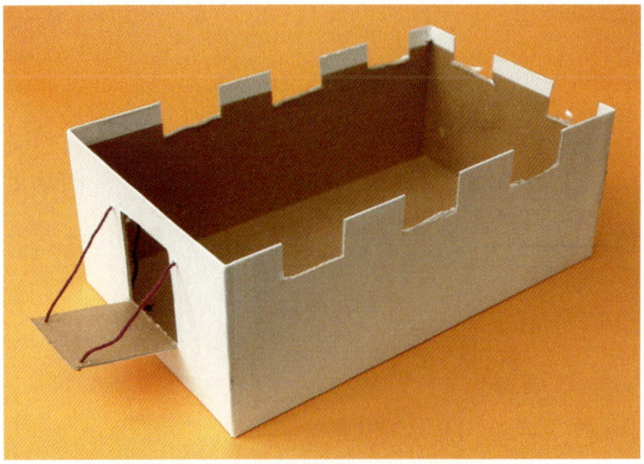

Burgmauer mit Zugbrücke

Schneide die Zinnen vorsichtig aus dem Kartonrand aus.
Für die Zugbrücke musst du ein Tor ausschneiden.
Achtung: Unten wird das Tor nicht ausgeschnitten!
Klappe das Tor nach außen und befestige Schnüre an der Zugbrücke.

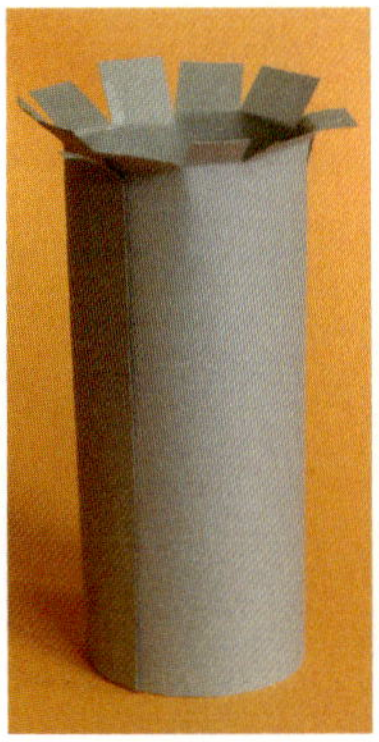

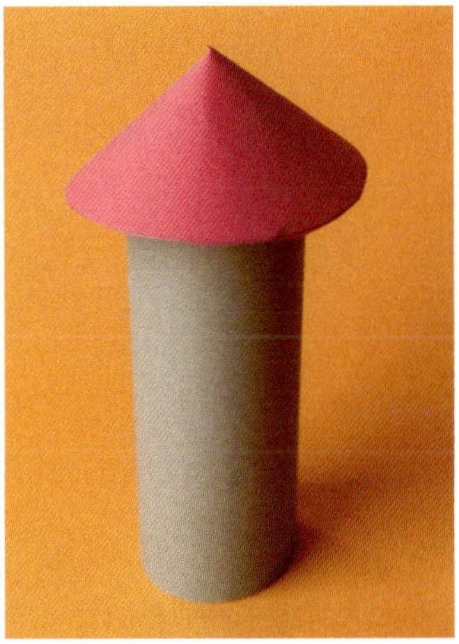

Türme

Bemale oder beklebe eine Papprolle.
Schneide einen Kreis aus.
Schneide aus dem Kreis eine Ecke heraus.
Klebe die beiden Seiten zusammen.
Jetzt hast du ein Turmdach.
Schneide die Rolle oben 1 bis 2 Zentimeter ein.
Knicke die Einschnitte um.
Klebe nun das Dach auf eine Papprolle.

Jahreszeiten, Feste und Feiern

1. Schreibe die Fragen in dein Heft und beantworte sie.
Du kannst auch in einem Kalender oder Lexikon nachschauen.

- An welchem Tag beginnt der Frühling in diesem Jahr?
- Wann kann man am besten draußen baden gehen?
- In welcher Jahreszeit verfärben sich die Blätter der Bäume?
- In welchem Monat ist Weihnachten?
- Wie viele Tage hat das Jahr?
- In welcher Jahreszeit sind die großen Ferien?

2. Vielleicht weißt du noch mehr über die Jahreszeiten?
Schreibe doch mal einige Fragen für die anderen Kinder auf.

Über Bilder sprechen
Fragen abschreiben und beantworten
Informationen einholen

Durch das ganze Jahr

1. Lege eine Tabelle an.
Ordne diese Wörter in die Tabelle ein.
Manche Wörter können mehrmals verwendet werden.

schwül donnern Schlitten blühen zugefroren
heiß strahlend zwitschern kalt stürmisch
eisig baden Frost Knospen Strand
matschig neblig blühen Aprilwetter Vögel

Frühling	Sommer	Herbst	Winter

2. Suche für jede Jahreszeit noch drei weitere Wörter.

3. Schreibe zu jeder Jahreszeit zwei passende zusammengesetzte Wörter in dein Heft.

Frühling(s)-
Sommer-
Herbst-
Winter-

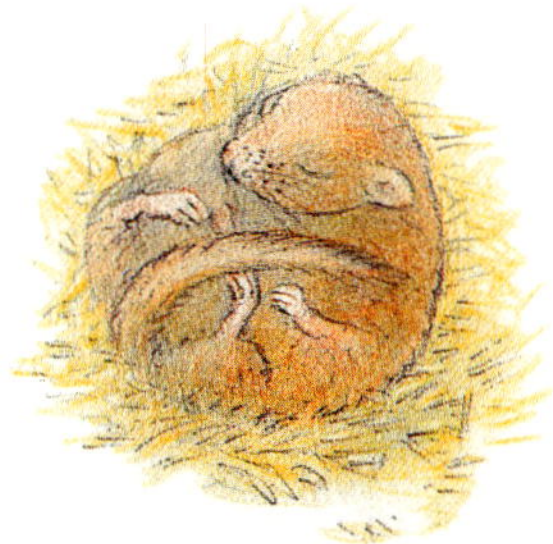

-hitze
-früchte
-wind
-schlaf
-boten
-ferien
-kälte
-sturm
-blumen
-laub
-sprossen

Eine Tabelle anlegen
Wörter in eine Tabelle einordnen
Zusammengesetzte Wörter suchen und aufschreiben

→ Sprach-Werkstatt, Seite 101:
Nomen kann man zusammensetzen

Frühling

April, April, der macht, was er will

Larissa und ihre Freundin wollen heute zusammen Inliner fahren.

1. Schreibe zu den Bildern eine Geschichte.
Diese Wörter helfen dir dabei: **sonnig, Spaß haben, bewölkt, regnen, Bushaltestelle, unterstellen, Himmel, Regenbogen, weiterfahren**

Eine Karte zum Muttertag

Du brauchst:
festes DIN-A4-Papier
Schere, Buntstifte

1

2

Arbeitsanweisung:

1. Falte das Papier in der Mitte.
2. Falte das Papier noch einmal in der Mitte.
   Klappe das Papier auseinander
   und falte es längs.
3. Zeichne ein halbes Herz auf und schneide
   es bis auf einen kleinen Steg aus.
4. Klappe die Karte wie auf dem Foto.
5. Falze das Herz nach außen.
6. Klappe die Karte zu
   und drücke fest darauf.
7. Fertig ist die Karte.

3
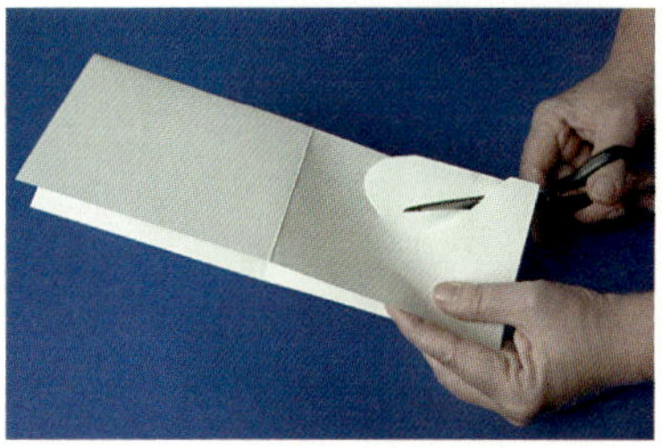

4

5

6

7

1 Du kannst das Herz anmalen und etwas in die Karte schreiben.

Ein Sommerfest

Die Kinder der Klasse 3a bereiten zum Schuljahresende ein Sommerfest vor.
Es soll viele Spiele geben und alle sollen ihren Spaß haben.

Alles ist vorbereitet.
Jetzt müssen noch die Einladungen geschrieben werden.

1 Bildet Gruppen mit drei bis vier Kindern und schreibt eine Einladung zum Sommerfest.

Diese Fragen müssen auf einer Einladung beantwortet sein:
- Was findet statt?
- Wer lädt ein?
- Wann findet es statt?
- Wie lange dauert es?
- Wo findet es statt?
- Wer kann kommen?
- Gibt es etwas Besonderes?
- Was soll mitgebracht werden?
- Welche Spiele werden angeboten?

2 Malt auf eure Einladung auch ein Bild.

Ein Fest planen
Einladungen schreiben
Ein Bild dazu malen

→ Lern-Werkstatt, Seite 78/79: In einer Gruppe miteinander arbeiten

Eierlaufen

Niko: Fiona, weißt du, was die hier machen
Fiona: Das ist ein Wettspiel
Niko: Wer wird wohl gewinnen
Fiona: Na, dann pass mal gut auf
Niko: Ey, da rennt ja Jakob mit
Fiona: Ich glaube aber, Marie gewinnt
Niko: Jakob, Jakob, lauf schneller
Fiona: Marie, Marie, du kannst es schaffen
Niko: Pech, Jakob hat sein Ei verloren
Fiona: Hurra, Marie hat gewonnen
Niko: Ich hol mir was zu trinken
Fiona: Gut, bis später

1 Lest das Gespräch mit verteilten Rollen.

2 In dieser Unterhaltung wird manchmal gefragt,
manchmal sagen die Kinder nur etwas,
manchmal rufen sie auch etwas
– und das klingt dann etwas lauter.
Sprecht darüber, wo ihr Punkte,
Fragezeichen oder Ausrufezeichen setzen würdet.

3 Schreibt den Text ab und setzt die Satzzeichen.

4 Welche der folgenden Sätze würdest du als Fragesätze
und welche als Ausrufesätze gebrauchen?

Aufgepasst	Gleich geht es weiter	Hat dir das Spiel gefallen
	Es geht weiter	Hilf mir doch mal
	Komm mit	Schade, das Fest ist zu Ende

Rund um die Kartoffel

1 Lest die Geschichte über die Kartoffeln.

Tolle Knolle

Im Herbst werden bei uns Kartoffeln geerntet. Sie wurden schon vor 2000 Jahren von Indianern angepflanzt und gegessen.
Im 16. Jahrhundert brachten spanische Schiffe die Kartoffeln nach Europa. In Deutschland konnten sich die Menschen jedoch nicht vorstellen, dass die schmutzigen Knollen aus der Erde genießbar oder sogar gesund sein sollten.
Erst 200 Jahre später gelang es König Friedrich dem Großen, seine Untertanen zu überlisten.
Er verkündete: „Die Erdäpfel sind nur für die königliche Tafel bestimmt!“

Die Menschen wurden neugierig. Bald darauf wurden die Knollen von seinem Acker gestohlen. Alle waren begeistert von dem köstlichen Geschmack.
Heute werden in ganz Europa viele verschiedene Kartoffelsorten angebaut.
Wir essen Kartoffeln gern als Kartoffelbrei, Kartoffelchips, Pommes frites, . . .

2 Jetzt weißt du so viel über Kartoffeln,

dass du ein  **Frage- und Antwort-Spiel** machen kannst.

Schreibe dazu Fragen auf ein Blatt.
Deine Partnerin oder dein Partner beantwortet sie.
Und so kannst du deine Fragen stellen:

Woher . . .? Wann . . .? Wie . . .? Wo . . .? Wer . . .?

So könnte dein Fragespiel aussehen:

Wann werden Kartoffeln geerntet?

Kartoffeln werden . . .

Woher stammen die Kartoffeln?

Sie stammen aus . . .

Wie heißt die Kartoffel woanders?

1 Lest alle Wörter vor.

Pomme de terre (Apfel) (Erde) (französisch)	potato (englisch)	Kartoffel (deutsch)
patata (italienisch und spanisch)	Erdapfel (deutsche Mundart)	batata (portugiesisch)
Erdbirne (deutsche Mundart)	aardappel (holländisch)	potatis (schwedisch)
kartofler (dänisch)	Krummbeere (rheinhessisch)	

2 Findest du noch mehr Übersetzungen für das Wort Kartoffel?
Frage Kinder aus deiner Klasse und Schule,
die noch andere Sprachen sprechen.

3 Schreibe die Wörter, die ähnlich aussehen, auf:
1. patata, . . .
2. Kartoffel, . . .
3. Erdknolle, . . .

Kartoffel-Wörter

4 Schreibe die zusammengesetzten Nomen mit dem Artikel in dein Heft.

Brat-
Salz-
Saat-
Früh-
Pell-

-chips
-suppe
-schale
-salat
-brei
-mehl

Wörter in verschiedenen Sprachen sammeln und vergleichen
Zusammengesetzte Nomen mit Artikel schreiben

→ Sprach-Werkstatt, Seite 101: Nomen kann man zusammensetzen

→ Arbeitsheft, Seite 31: Nomen kann man zusammensetzen

Wintergeschichten

1 Du kannst dir einen **Geschichtenanfang** aussuchen. Schreibe die Geschichte zu Ende.

Heute morgen bin ich sehr früh aufgewacht. Mir war kalt. Irgendwie sah mein Zimmer anders aus als sonst. Die Wände waren aus Eis und . . .

Gestern ging ich mit meinem Vater in einem verschneiten Wald spazieren. Plötzlich hörten wir ein tiefes Brummen hinter uns. Ich drehte mich um und sah . . .

2 Du kannst dir ein **Geschichtenende** aussuchen. Schreibe den Anfang dazu.

Am nächsten Tag stand in der Zeitung, dass ein Braunbär eingefangen wurde.

Das ist ja gerade noch einmal gut gegangen. Jetzt liege ich mit einem Gipsbein zu Hause.

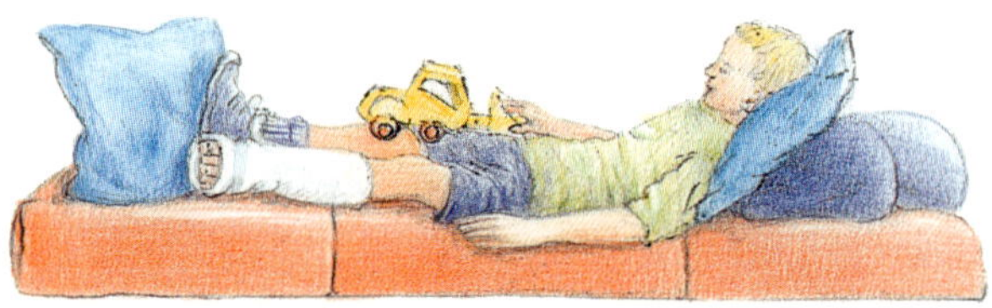

Eine Geschichte schreiben

→ Schreib-Werkstatt, Seite 125: Eine Geschichte planen, schreiben, überarbeiten

Plätzchen backen

Du brauchst:
150 Gramm Mehl
50 Gramm Honig
1 Eigelb
75 Gramm gemahlene Haselnüsse
80 Gramm Butter
1 Prise Zimt

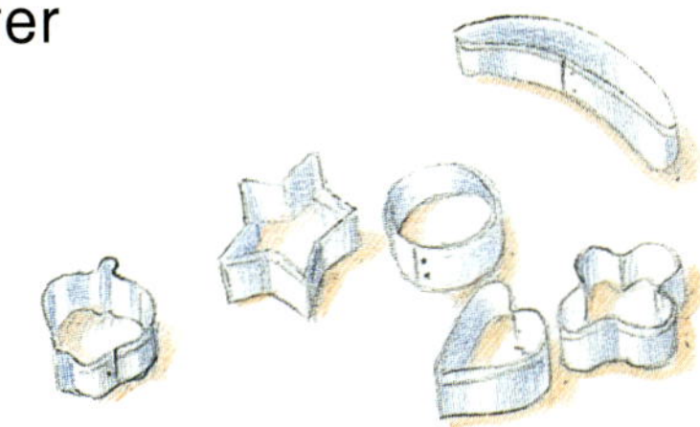

Die Klasse 3a will Plätzchen backen.
Linda hat gestern zu Hause Plätzchen gebacken.
Sie erzählt ihrer Freundin davon:
„Zuerst habe ich Mehl, Honig und das Eigelb verrührt.
Danach habe ich Haselnüsse, Butter und Zimt darunter gemischt.
Mit meinen Händen habe ich alles zu einem glatten Teig verknetet.
Der Teig hat dann eine Stunde im Kühlschrank gelegen.
Dann habe ich den Teig ausgerollt, die Plätzchen ausgestochen
und auf ein gefettetes Backblech gelegt.
Nach 10 Minuten habe ich sie wieder herausgenommen.
Sie haben lecker geschmeckt."

> Wenn man mündlich erzählt, verwendet man meistens
> die **zusammengesetzte Vergangenheitsform (Perfekt):**
> *Ich habe verrührt.*
> **Grundform:** verrühren

1. Schreibe den Text ab. Unterstreiche die zusammengesetzte Vergangenheitsform: *habe verrührt*

2. Schreibe alle zusammengesetzten Vergangenheitsformen in der Grundform. Du kannst in der Wörterliste nachschlagen.

zusammengesetzte Vergangenheitsform	*Grundform*
habe verrührt	*verrühren*

Einen Text abschreiben
Arbeit mit der Wörterliste

→ Sprach-Werkstatt, Seite 108/109:
Verben: die Grundform
Verben in der Gegenwarts- und Vergangenheitsform

→ Arbeitsheft, Seite 37/38:
Zeitformen

Wörter nach dem ABC ordnen

Tobias und Marina wollen die Monatsnamen nach dem ABC sortieren.

Tobias arbeitet so:

Marina hat eine andere Idee:

A	April	N	
B		O	
C		P	
D		Qu	
E		R	
F	Februar	S	
G		T	
H		U	
I		V	
J	Januar	W	
K		X	
L		Y	
M	März	Z	

1. Beschreibe, wie die beiden Kinder die Monatsnamen nach dem ABC ordnen.

2. Probiere beide Möglichkeiten aus.

Nach dem Alphabet ordnen
Vorgänge beschreiben

Texte abschreiben und vergleichen

Abschreibtipps

1. Lies den Abschreibtext aufmerksam durch.
2. Lies den ersten Satz des Textes. An welchen Stellen kannst du den Satz in Abschnitte teilen?
3. Merke dir den ersten Teil und schreibe ihn auswendig auf.
4. Schreibe so den gesamten Text ab.
5. Vergleiche zum Schluss deinen Text Wort für Wort mit der Vorlage.
6. Wörter, die du falsch geschrieben hast, musst du sorgfältig berichtigen.

Wie du mit Wörtern üben kannst

Körper und Kleidung

Kopf Nase Finger Backe Beine Kinn Zehen
Rippen Daumen Ohr Lippen Mund Arm Hand
Ellenbogen Bauchnabel Augenbrauen Knie Zopf
Jacke Schuhe Hemd Hose Kleid Mantel Pulli
Schal Mütze Stiefel gehen rund warm schauen

1 Diese Wörter solltest du üben.
Dafür gibt es viele verschiedene Möglichkeiten:

- Schreibe dir 12 Wörter auf Zettel:
  Ordne die Wörter nach dem ABC.
  Arm, Backe, Bauchnabel, . . .
- Suche Reimwörter dazu: *Kopf – Zopf*
- Schreibe die Wörter nach der Zahl ihrer Silben auf:
  eine Silbe: *Kopf, . . .* zwei Silben: *Na-se, . . .* drei Silben: *. . .*

- Schreibe 12 Nomen in der Einzahl und Mehrzahl auf.
  Der Kopf – die Köpfe, die Nase – die Nasen, . . .
- Schreibe zu allen Wörtern mit **b, d, g** am Ende
  eine verlängerte Form auf:
  Mund – Münder, . . .

- Ordne jeweils vier Nomen nach Artikeln:
  der: *der Finger, . . .* die: *die Nase, . . .* das: *das Kinn, . . .*
- Diktiert euch gegenseitig 12 Wörter.
  Ein Kind diktiert die Wörter, das andere schreibt sie auf.
  Wer diktiert, achtet darauf, dass das andere Kind richtig schreibt.

→ Arbeitsheft, Seite 8/9:
Wie du mit Wörtern
üben kannst

Üben mit der Lernkartei

1. Mit der Lernkartei kannst du Wörter üben.
Jedes Wort, das du beim Üben fehlerfrei geschrieben hast, kommt ein Fach weiter. Sonst kommt es wieder in Fach 1.

Fach 1
Schreibe Wörter, die du üben willst, einzeln auf Karten. Lege sie in Fach 1.

Fach 2:
Nimm 10 Karten aus Fach 1 und suche dir eine Übung aus:
- Bilde mit dem Wort einen Satz.
- Schreibe ein Schleichdiktat.

Sammle in Fach 2 alle Wörter, die du richtig geschrieben hast.

Fach 3:
Nimm 10 Karten aus Fach 2 und suche dir eine Übung aus:
- Ordne sie nach der Anzahl der Buchstaben.
- Ordne sie nach der Anzahl der Silben.
- Trenne die Wörter und überprüfe mit dem Wörterbuch.

Sammle in Fach 3 alle Wörter, die du richtig geschrieben hast.

Fach 4:
Nimm 10 Karten aus Fach 3 und suche dir eine Übung aus:
- Suche verwandte Wörter (*fahren, Fahrrad*).
- Suche Wörter mit einer ähnlichen schwierigen Stelle (zum Beispiel: Wörter mit ie . . .).
- Zerlege die Wörter in ihre Wortbausteine (Vorsilbe, Wortstamm und Endung).

Sammle in Fach 4 alle Wörter, die du richtig geschrieben hast.

Mit dem Wörterbuch arbeiten

→ A . . . wie Anfang, Seite 9: Mit Buchstaben arbeiten

In einer Gruppe miteinander arbeiten

Viele Aufgaben im Sprachbuch könnt ihr
in einer kleinen Gruppe bearbeiten.

Tipps für die Gruppenarbeit

1. Bildet Gruppen von drei bis fünf Kindern.
Sucht euch einen ruhigen Platz.
Sprecht leise,
damit ihr die anderen Gruppen nicht stört.

2. Lest in der Gruppe die Aufgabe noch einmal vor.

3. Beachtet beim Gespräch wichtige Regeln:
   - Achtet darauf, dass immer nur ein Kind spricht.
   - Hört gut zu und fragt nach,
wenn ihr etwas nicht verstanden habt.
   - Schaut euch beim Sprechen an.
   - Bleibt beim Thema.

→ Miteinander leben, Seite 23:
Im Morgenkreis
→ Jahreszeiten, Feste und Feiern, Seite 68/69:
Ein Sommerfest

4 Verteilt Aufgaben in der Gruppe:

- Ein Kind übernimmt die Gesprächsleitung.
- Ein Kind trägt der Klasse die Ergebnisse vor.
- Wenn ihr wollt, kann ein Kind Notizen machen.

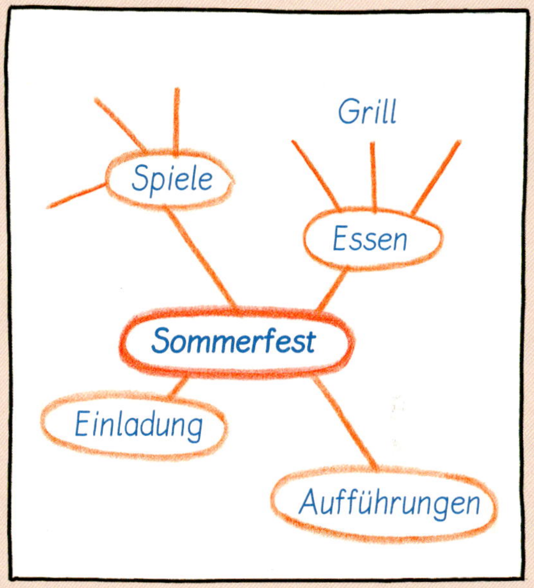

5 Wenn ihr alles besprochen habt, überlegt gemeinsam, was ihr der Klasse vortragen wollt.

1 Also echt, die Fehler hätte ich aber auch selbst bemerken können.
2 Ich weiß nämlich genau, dass man Satzanfänge großschreibt.
3 Und man kann hören, dass man Hund mit **d** schreibt, wenn man es verlängert: Hun**de**.
4 Na ja, ist doch gut, dass du weißt, wie man die Sätze richtig schreibt.
5 Dann brauchst du jetzt nur noch zu üben und beim Schreiben immer genau aufzupassen.
Der Hunt von meinem Opa ist schon alt. er spielt aber immer noch gern mit uns.

Langer Selbstlaut – kurzer Selbstlaut

1 Lest euch diese Wortpaare deutlich vor.
Achtet dabei besonders auf die langen und kurzen Selbstlaute.

Schafe – Affe	schämen – kämmen
raten – Ratten	Schale – schallen
traben – krabbeln	Hasen – hassen

2 Schreibe die Tabelle in dein Heft.
Ordne die Wörter mit Trennstrichen in die richtige Spalten ein.

Wörter mit langem Selbstlaut und offener Silbe	Wörter mit kurzem Selbstlaut und geschlossener Silbe
Scha-fe	*Af-fe*

3 Sprich die Fantasiewörter im linken Kasten
und die Reimwörter im rechten Kasten deutlich aus.

Fantasiewörter	
blamen	blammen
Plone	Plonne
Trale	Tralle
krofen	kroffen
schumen	schummen

Reimwörter	
Krone	Tonne
Ofen	offen
Blumen	summen
kamen	rammen
Wale	Qualle

4 Welches Fantasiewort reimt sich auf welches Reimwort?
Wenn du deutlich sprichst, kannst du es hören.
Schreibe die Reimpaare auf:
blamen – kamen, blammen . . .

Auf kurze und lange Selbstlaute achten
Eine Tabelle anlegen
Reimwörter suchen

→ Arbeitsheft, Seite 12, 13: Langer Selbstlaut, kurzer Selbstlaut

Wörter mit langem Selbstlaut

Es gibt viele Wörter, die einen **langen Selbstlaut** haben.
Nach einem langen Selbstlaut und nach **au, äu, ei, eu, ie** steht ein einfacher Mitlaut:
Wal, Tore, Schule
Haus, Mäuse, klein, heulen, Tier

1 Diese Wörter werden manchmal falsch geschrieben.
So kannst du sie üben:

- Schreibe die Wörter auf Zettel.
- Ordne die Zettel zu Reimpaaren. Jedes Wort hat ein Reimwort. Schreibe die Reimpaare auf.
- Diktiert euch die Wörter gegenseitig.

die Blüte	die Dame	fragen	für	grüßen	der Hase	
hören	der Name	die Nase	sagen	der Schal	schwören	
büßen	das Tor	die Tür	die Tüte	vor	der Wal	

2 Bilde aus den folgenden Wörtern alle zusammengesetzten Nomen, die dir einfallen. Du kannst die Wörter mehrmals benutzen.
Manchmal musst du Wörter dabei auch etwas verändern:
SCHULE – HOF: Schulhof

SCHULE

HAUS

NAME

TÜR

HOF

TIER

TOR

SPIEL

Wörter mit langem Selbstlaut üben
Nomen zusammensetzen

→ Sprach-Werkstatt, Seite 101:
Nomen kann man zusammensetzen

Wörter mit kurzem Selbstlaut

Viele Wörter haben **zwei** Silben: *schla-fen, schaf-fen, . . .*
Wenn du die Wörter deutlich aussprichst, kannst du merken:
– Der Mund bleibt bei *schla-fen* nach der ersten Silbe ganz kurz **offen.**
Offene Silben haben einen **langen** Selbstlaut.
– Der Mund geht bei *schaf-fen* nach der ersten Silbe ganz schnell wieder **zu.**
Geschlossene Silben haben einen **kurzen** Selbstlaut.
Beim Schreiben wird der Mitlaut nach dem kurzen Selbstlaut **verdoppelt:** *Affe, gaffen, schaffen, . . .*

bellen	rennen	fallen	sollen	stimmen	fassen	müssen
passen	küssen	spinnen	schwimmen	brennen	wollen	
stellen	klappern	knallen	gewinnen	plappern		

1 So kannst du mit diesen Wörtern im Kasten üben:
- Schreibe die Wörter mit Trennstrichen auf: *bel-len, . . .*
  Der Trennstrich steht immer zwischen den doppelten Mitlauten.
- Ordne die Wörter nach dem ABC.
- Stelle Wörter zu Reimpaaren zusammen: *bellen – stellen, . . .*
- Schreibe zu jedem Wort die Er-Form oder Sie-Form auf:
  bellen – er bellt, rennen – sie rennt, . . .
- Du kannst mit einigen Wörtern kurze Sätze aufschreiben:
  Der Hund bellt.

2 Bilde mit den folgenden Bildwörtern und den Adjektiven fünf Sätze:
Ein Affe ist nicht dumm.

krumm schnell dumm voll hell

→ Arbeitsheft, Seite 14:
Wörter mit kurzem Selbstlaut und geschlossener Silbe

Wörter mit ck und tz

backen	meckern	gucken	kleckern	knacken	Backe
spucken	trocken	Jacke	Brücke	Socken	Stücke

1 Schreibe die Wörter mit **ck** in Reimpaaren auf:
backen – knacken, meckern – . . .

2 Schreibe diese Wörter mit Trennstrichen auf:
ba-cken, . . .

3 Schreibe mit einigen Wörtern kurze Sätze auf,
die mit Namen anfangen: *Paul backt einen Kuchen. Lea . . .*

Wörter mit **ck** werden genauso getrennt wie Wörter mit **ch:**
ba-cken wie *ma-chen, Stri-cke* wie *Stri-che, . . .*

Spitze	Spatzen	sitzen	Mütze	Schätze	petzen
Pfütze	spritzen	Katzen	Sätze	setzen	Hitze

4 Stelle die Wörter mit **tz** zu Reimpaaren zusammen: *Spitze – Hitze, . . .*

5 Schreibe die Wörter mit Trennstrichen auf.
Spit-ze, . . .

6 Bilde einige Sätze mit **tz**-Wörtern:
Die Katzen sitzen in der Pfütze . . .

Wörter mit **tz** werden zwischen dem **t** und dem **z** getrennt:
Kat-ze, flit-zen

Wörter mit ck und tz üben

→ Arbeitsheft, Seite 15, 16:
Wörter mit ck
Wörter mit tz

Wörter mit a/ä, au/äu

Baum	Blatt	Dach	Garten	Glas	Haus	Land
Mantel	Maus	Schrank	Wand	Zahn	Zaun	

1 Schreibe diese Nomen in der Mehrzahl auf.
Was passiert dabei mit **a** und **au**?
Wenn du unsicher bist, schau in der Wörterliste nach.

2 Schreibe die folgenden Wörter auf.
Suche dazu immer eine Wortform mit **a**:
Sie fängt – fangen, . . .

sie fängt	länger	er hält	kälter	sie schlägt
er fällt	sie kämmt	kräftig	er schläft	sie fährt

> Zu vielen Wörtern mit **ä** und **äu**
> gibt es eine andere Wortform mit **a** und **au:**
> *Äste – Ast, älter – alt, Bäume – Baum, läuft – laufen*

3 **ä oder e?**

Wie schreibt man die folgenden Wörter: mit **ä** oder mit **e**?
Denke daran: Schreibe nur die Wörter mit **ä**,
zu denen du ein verwandtes Wort mit **a** kennst.
Besprecht eure Schreibweise mit einem anderen Kind.
Kontrolliert mit der Wörterliste.

*lter *rmer *gal *ngstlich *ng *twas

Wörter mit ie

Lieder	Wiese	Spiel	schief	liefen
schieben	Riese	viel	fliegen	hier
kriechen	spielen	tief	riefen	liegen
Tier	riechen	wieder	kriegen	lieben

1 Das sind wichtige Wörter mit **ie**,
die du beim Schreiben immer wieder brauchst.
Und so kannst du sie üben:

- Ordne die Wörter nach dem ABC.
- Bilde einige Reimpaare: *Lieder – wieder, . . .*
- Du kannst Sätze damit bilden.
- Ihr könnt euch die Wörter gegenseitig diktieren.

Wörter mit v

?	*f*	*oll	*ertig	*ielleicht
	oder	*ür	*orn	*ernsehen
	v	*ort	*orbei	*orher

2 Schlage diese Wörter in der Wörterliste nach
und schreibe sie dann richtig auf.
Schreibe die Seitenzahl dahinter: *voll, Seite* ?

Bei einigen Wörtern hörst du beim Sprechen ein **f**,
man schreibt sie aber mit **v**.
Diese Wörter musst du dir merken.
Wenn du solche Wörter in der Wörterliste
oder in einem Wörterbuch suchst,
musst du vielleicht an zwei Stellen nachschlagen:
unter **f** und unter **v**!

Aufgaben für Forscherinnen und Forscher

Hier findet ihr die Forscheraufgabe für die Seite 88 und die Forscheraufgabe für die Seiten 89 und 90.

Wörter mit h

fahren	fehlen	nehmen	ohne	sehr	Stuhl	zahm	Zahn

1. Schreibe jedes Wort auf einen Zettel.
   Unterstreiche immer den Buchstaben, der **nach** dem **h** steht:
   fahren, . . .

2. Ordne die Wörter nun nach den unterstrichenen Buchstaben:
   Wörter mit einem **h** vor einem **r**,
   Wörter mit einem **h** vor einem . . .

3. Welche Buchstaben stehen **nach** dem **h**?

4. Arbeite nun auf Seite 88 weiter.

Wörter mit b, d, g

5. Sprecht euch das Wort **schreibt** gegenseitig deutlich vor.
   Ihr sprecht und hört es an einer Stelle anders,
   als man es schreibt.
   Beschreibt, was beim Sprechen anders ist.

6. Sucht Wörter, bei denen das so ähnlich ist.

7. Arbeitet nun auf den Seiten 89 und 90 weiter.

Wörter mit h

STOP Bevor du auf dieser Seite arbeitest,
löse die obere Aufgabe für Rechtschreibforscher auf Seite 87.

In manchen Wörtern mit einem **langen Selbstlaut** steht ein **Dehnungs-h.**
Es steht aber nur vor den Buchstaben **l, m, n, r.**

mehr sehr ohne fehlen nehmen fahren stehlen
fühlen zählen führen wohnen rühren

1 So kannst du mit Wörtern im Kasten oben üben:

- Ordne die Wörter nach dem ABC.
- Schreibe die Verben mit Trennstrichen auf:
  feh-len, . . .
- Du kannst mit den Wörtern kurze Sätze schreiben.
- Ihr könnt euch die Wörter gegenseitig diktieren.

Fahrbahn Gefühl Diebstahl fährt gezählt rührt
wohnt Zahl Wohnung Fühler gestohlen Rührei
Fahrrad fühlte stehlen zählte gerührt gewohnt

2 So kannst du mit diesen Wörtern üben:

- Schreibe sie ab und unterstreiche dabei das **h** und den folgenden Mitlaut: *Fahrbahn, . . .*
- Du kannst die Wörter zu Wortfamilien zusammenstellen:
  Zu jeder Wortfamilie gehören drei Wörter:
  Fahrbahn, fährt, Fahrrad, . . .
- Schreibe mit ihnen kurze Sätze oder Witzsätze.
- Ihr könnt euch die Wörter gegenseitig diktieren.

Wörter mit Dehnungs-h üben
Arbeit mit Wortfamilien

→ Arbeitsheft, Seite 18:
Wörter mit Dehnungs-h

Wörter mit b, d, g

STOP Bevor du auf den Seiten 89 und 90 arbeitest,
löse auf Seite 87 die untere Aufgabe für Rechtschreibforscher.

Am Ende eines Wortes hören sich **b**, **d**, **g** wie **p**, **t**, **k** an:
*Die**b**, Ra**d**, schrä**g**.*
Wenn man die Wörter verlängert, kann man aber **b**, **d** und **g** deutlich hören: *Die**b**e, Rä**d**er, schrä**g**er.*

Nomen verlängern

das Bad   der Berg   der Dieb   die Hand   der Herd
der Hund   das Kind   der Mund   das Pferd   das Rad
das Rind   das Sieb   die Wand   der Zwerg

1 Verlängere die Nomen, indem du die Mehrzahl bildest:
das Bad – die Bäder, . . .
Wenn du nicht sicher bist, schau in der Wörterliste nach.

2 Stelle die Wörter zu Reimpaaren zusammen:
das Bad – das Rad, . . .

Adjektive verlängern

blond   gelb   gesund   halb   rund
schräg   spannend   wild   wütend

3 Verlängere die Adjektive: *blond – blonde, . . .*

4 Schreibe mit den Nomen aus dem oberen Kasten und den Adjektiven kleine Sätze auf.

Wörter mit b, d, g

Verben verlängern

sie bie*t	es blei*t	sie flie*t	er fra*t
sie glau*t	er lie*t	sie rau*t	er schlä*t
sie schrei*t	er sa*t	es tra*t	er trä*t

1 Setze in die Verben **b** oder **g** ein.
Schreibe die Grundform dazu:
er biegt – biegen, . . .
Achtung: In ein Verb kann man **b** und **g** einsetzen.

2 Stelle einige Reimpaare zusammen:
sie biegt – sie fliegt, . . .

3 Schreibe mit den Nomen aus dem Kasten auf Seite 89 und den Verben kleine Sätze auf:
Der Dieb raubt.

Hier stimmt etwas nicht

Die Kinder	bellen.
Die Sänger	rauben.
Die Pferde	fliegen.
Die Drachen	schreiben.
Die Hunde	singen.
Die Diebe	traben.

4 Schreibe die Witzsätze richtig auf.
Die Kinder schreiben. . . .

5 Schreibe die richtigen Sätze nun in der Einzahl auf:
Das Kind schreibt.

Wörter mit b, d, g üben

→ Arbeitsheft, Seite 19,20: Wörter mit b, d, g

Aufgaben für Forscherinnen und Forscher

Hier findet ihr die Forscheraufgabe für die Seite 92
und die Forscheraufgabe für die Seite 93.

Wörter mit ss und ß

1 Sprecht euch einmal die Fantasiewörter **schmößen – schmössen** gegenseitig vor und hört zu.

2 Beschreibt die Unterschiede zwischen dem Wort mit **ß** und dem Wort mit **ss**.

3 Sucht nun Wörter mit **ß** und mit **ss**.
Sprecht sie wieder laut aus.
Achtet auf die Selbstlaute vor **ß** und **ss**.
Findet ihr eine Regel?

4 Arbeite nun auf Seite 92 weiter.

> Vor viele **Verben** kann man **Vorsilben** setzen:
> *stehen: **ver**stehen* *sagen: **vor**sagen* *frieren: **ein**frieren*

Wörter mit Wortbausteinen

5 Schreibe das Verb **rechnen** mit der Vorsilbe **ver-** und mit der Vorsilbe **vor-** auf.

6 Diese zusammengesetzten Verben haben eine Stelle, bei der man einen Rechtschreibfehler machen könnte, wenn man nicht besonders aufpasst. Beschreibt und erklärt.

7 Sucht Verben mit den Vorsilben **ver-** oder **vor-**, die eine ähnliche Schwierigkeit haben.

8 Arbeite nun auf Seite 93 weiter.

Rechtschreibstrategien entwickeln
Muster und Regeln entdecken
Wortbildung: Vorsilben

→ Arbeitsheft, Seite 22: Wörter mit ss und ß
Seite 24: Wortbausteine: Vorsilben

Wörter mit ß und mit ss

STOP Bevor du auf dieser Seite arbeitest, löse auf Seite 91 die oberen Aufgaben für Forscherinnen und Forscher.

außen beißen büßen draußen fließen die Füße
groß die Grüße grüßen heiß reißen
schließen die Soße die Straße süß weiß

1 Stelle einige Wörter zu Reimpaaren zusammen:
außen – draußen . . .

2 Schreibe die Nomen in der Einzahl und in der Mehrzahl auf:
der Fuß – die Füße, . . .

3 Schreibe die Verben in der Er-Form oder Sie-Form:
beißen – sie beißt, . . .

4 Schreibe die Adjektive zusammen mit einem Nomen auf:
die großen Augen, . . .

5 Welche beiden Wörter sind kein Nomen, kein Verb und kein Adjektiv?

Für die Wörter auf dieser Seite gilt:
Nach **langem** Selbstlaut und nach **au, äu, ei, eu, ie** folgt **ß.**
Nach **kurzem** Selbstlaut folgt **ss.**

6 Schreibe ab und vervollständige die Lücken.

Sie i… kommt von essen,
vergi…t von vergessen,
aus Flu… werden Flüsse,
aus Nu… werden Nüsse,

der Ku… kommt von küssen,
er mu… kommt von müssen,
sie lä…t kommt von lassen,
es pa…t kommt von passen.

Wörter mit ß und ss üben

→ Wasser, Seite 46: Wörter mit ss

→ Arbeitsheft, Seite 22: Wörter mit ss und ß

Wörter mit Wortbausteinen: Vorsilben

STOP Bevor du auf dieser Seite arbeitest, löse auf Seite 91 die unteren Aufgaben für Forscherinnen und Forscher.

Vor viele Wörter kann man **Vorsilben** setzen:
*suchen: **ver**suchen* *wecken: **auf**wecken.*
Besonders gut aufpassen muss man beim Schreiben, wenn zwei gleiche Buchstaben aufeinander treffen:
*rutschen: **ver**rutschen* *fressen: **auf**fressen.*

1 Schreibe aus jedem Kasten die drei zusammengesetzten Verben auf, bei denen zwei gleiche Buchstaben aufeinander treffen:
abbrechen, zerr. . .

ab	fallen
zer	brechen
auf	reißen

weg	rechnen
vor	täuschen
ent	gehen

ver	sehen
weg	reisen
aus	gucken

an	raschen
über	eilen
be	nehmen

2 Die Vorsilbe **ent-** sprechen wir nicht immer ganz deutlich aus. Beim Schreiben muss man daher besonders gut aufpassen. Und so kannst du die folgenden Wörter üben:

- Schreibe immer die beiden Wörter zusammen auf, die zu einer Wortfamilie gehören.
- Schreibe die Wörter mit Trennstrichen: *ent-de-cken, . . .*
- Du kannst mit den Wörtern Sätze bilden.
- Ihr könnt euch die Wörter gegenseitig diktieren.

entdecken	entschuldigen	entscheiden
die Entscheidung	die Entdeckung	die Entschuldigung

→ Fliegen, Seite 53:
Eine „fliegende“ Wortfamilie

→ Arbeitsheft, Seite 24:
Wortbausteine:
Vorsilben

Wörter mit den Wortbausteinen -ig und -lich

Viele Wörter mit **-ig** und **-lich** stammen von anderen Wörtern ab:
eckig – die Ecke *freundlich – der Freund*

herrlich	deutlich	glücklich	wirklich	schrecklich	plötzlich
endlich	ängstlich	herzlich	fröhlich	ordentlich	ziemlich

1. In allen diesen Wörtern hörst du ein **l**.
Sprich die Wörter deutlich aus.

2. Schreibe die Wörter nach dem ABC geordnet auf.

3. Ihr könnt euch die Wörter gegenseitig diktieren.

bissig	eckig	fleißig	giftig	hungrig	lustig
mutig	richtig	schmutzig	traurig	wenig	witzig

4. Sprich auch diese Wörter deutlich aus und verlängere sie:
bissig – bissige, . . .
Dann kannst du das **g** am Wortende hören.

5. Welche Wörter passen zu diesen Wörtern:
der Pilz, der Clown, der Hund, das Kind, der Stiefel, das Buch
Schreibe so: *der giftige Pilz, . . .*

6. Was ist das Gegenteil von
viel, satt, faul, rund, sauber, feige, falsch ?
Schreibe so: *viel – wenig, . . .*

Wörter mit -ig und -lich üben

→ Miteinander leben, Seite 14: Übungskiste

→ Arbeitsheft, Seite 25: Adjektive mit -ig und -lich

Forscheraufgaben

Wörter mit kurzem und mit langem Selbstlaut

1. Suche fünf zweisilbige Wörter,
die einen langen Selbstlaut haben,
wie zum Beispiel: *die Schule.*
Unterstreiche den langen Selbstlaut.

2. Suche fünf zweisilbige Wörter,
die einen kurzen Selbstlaut haben,
so wie zum Beispiel: *die Tanne.*
Setze unter den kurzen Selbstlaut einen Punkt.

Wörter mit g

3. In manchen Wörtern klingt das **g** wie ein **k**,
zum Beispiel in: **sagt**.
Suche sechs Wörter, bei denen das so ähnlich ist.
Schreibe sie auch in der verlängerten Form auf:
sagt – sagen, . . .

Wortfamilien

4. In jedem Wort einer Wortfamilie findet man
einen gleichen oder fast gleichen Teil.
Zur Wortfamilie **kauf**en gehören zum Beispiel:
das Kaufhaus, abkaufen, ich kaufte, die Verkäuferin, . . .
Suche mindestens fünf Wörter,
die zu den Wortfamilien **fahren** und **schwimmen** gehören.
Unterstreiche die ähnlichen Teile so wie im Beispiel.

Wörter mit Wortbausteinen

5. Viele Wörter haben Vorsilben,
zum Beispiel ***vor**drängeln, **ver**bieten, **durch**fahren.*
Suche je zwei weitere Wörter
mit den Vorsilben **vor-**, **ver-** und **durch-**.

6. Suche mindestens vier Wörter,
die andere Vorsilben als **vor-**, **ver-** und **durch-** haben.

Eigenaktives Rechtschreiblernen
Muster und Regelungen entdecken
Mit Wortfamilien arbeiten

→ Arbeitsheft, Seite 24:
Wortbausteine:
Vorsilben

Besondere Wörter

Fremdwörter

> **Fremdwörter** stammen aus anderen Sprachen,
> zum Beispiel aus der lateinischen
> oder der englischen Sprache.
> Für Fremdwörter gelten unsere Rechtschreibregeln
> nicht immer.

Rosine	Delfin	Apfelsine	Maschine	Gardine

1. Diese Wörter haben alle eine schwierige Stelle, die man nach unseren Rechtschreibregeln eigentlich anders schreiben müsste. Sucht diese Stelle.

2. So kannst du diese Wörter üben:
   - Schreibe sie nach dem ABC geordnet auf.
   - Ihr könnt euch die Wörter gegenseitig diktieren.
   - Bilde mit den Wörtern kurze Sätze.

Ähnliche Wörter

> Wenn **zwei** Dinge zusammengehören, sind sie **ein Paar.**
> **Mehrere** Dinge sind aber **ein paar** Dinge.

3. Schreibe die Sätze ab und setze **paar** oder **Paar** ein:
   Meine Puppe hat nur noch ein ? Haare.
   Mutter trägt ein ? Ringelsocken.
   Am Randes des Dorfes stehen ein ? Häuser.
   Ines hat ein ? neue Reitstiefel bekommen.
   Udo trägt bei dieser Kälte zwei ? Strümpfe.
   Vater kauft zum Frühstück ein ? Brötchen.

Wörter mit besonderen Buchstaben

Wörter mit ih und i

ihm	ihn	ihnen	ihr	ihren

dir	mir	wir

1 Schreibe die Sätze ab und setze die passenden Wörter ein:
a) Gestern waren im Kino.
b) Dort hat Paula Ring verloren.
c) Sie hat gefragt: „Hilfst du , den Ring zu suchen?"
d) Natürlich habe ich geholfen.
e) Unter einem Sitz haben wir dann endlich gefunden.

Wörter mit x

die Hexe	mixen	das Fax	die Axt
die Nixe	boxen	Max	Felix

2 Schreibe das Gedicht ab und unterstreiche die Wörter mit **x**:
Die Hexe mixt sich einen Hexenbrei
und Max hackt mit der Axt den Ast entzwei.
Die Nixe dicht am Wasser sitzt,
der Boxer Felix boxt und schwitzt.

Wörter mit aa, ee, oo

der Schnee	das Boot	der Tee	das Beet	das Moos	der Aal
der Klee	die Beere	der Kaffee	das Haar	das Meer	der See

3 So kannst du die Wörter mit **aa, ee, oo** und mit **x** üben:
- Schreibe sie nach dem ABC geordnet auf.
- Ihr könnt euch die Wörter gegenseitig diktieren.
- Bilde mit den Wörtern kurze Sätze.

→ Arbeitsheft, Seite 26/27: Besondere Wörter

Groß- und Kleinschreibung

Nomen werden großgeschrieben.
Man erkennt sie oft an ihren **Begleitern.**
Begleiter können **Artikel** sein: *der, die, das, dem, ein, eine, …*
Begleiter können aber auch **andere** Wörter sein:
kein, meine, …
Der *Mut hat mich verlassen.*
Ein *Gewitter zieht heran.*
Ich habe ***keine*** *Angst.*

Manchmal steht zwischen Begleiter und Nomen
aber noch ein anderes Wort:
das schreckliche Gewitter keine große Angst

Hier musst du besonders aufpassen! Denn du musst wissen:
Der Begleiter gehört zum Nomen – und nicht zu dem Wort,
das dazwischen steht.

1. Schreibe diese Wortgruppen richtig auf: *ein dicker Hund, . . .*
Unterstreiche dabei den Begleiter und das Nomen:

DAS DICKE TIER	DER LUSTIGE CLOWN	MEINE BLONDEN HAARE
EINE GRÜNE WIESE	DER DICHTE NEBEL	DIE ZWEITE STUNDE
EIN TOLLER WITZ	DEINE BLAUEN AUGEN	KEINE HALBE STUNDE

2. Hier stimmt etwas nicht. Vertausche die Adjektive.
Schreibe richtig auf und unterstreiche: der quakende Frosch, . . .

DER BLÜHENDE FROSCH	DER PIEPENDE HUND
EINE QUAKENDE WIESE	DIE FINSTERE ZIEGE
DER BELLENDE VOGEL	DIE MECKERNDE NACHT

Wortarten kennen lernen:
Begleiter
Nomen großschreiben
Adjektive zuordnen

→ Arbeitsheft, Seite 33:
Die Artikel

Groß- und Kleinschreibung

Ratespiel

Mein Kind hat EINE RUNDE BRILLE auf der Nase.
Es hat EINEN GELBEN PULLI an.
Es hat seine Hände in die Taschen DER BLAUEN HOSE vergraben.
Auf dem Kopf trägt es EINE SCHWARZE MÜTZE.
Die Mütze sitzt etwas schief auf dem Kopf mit DEN LANGEN HAAREN.
Mein Kind kann man auch an DEN WEIßEN SCHUHEN erkennen.

1 Welches der sechs Kinder ist wohl gemeint?

2 Schreibe die Wörter mit den großen BUCHSTABEN so auf:
eine runde Brille

3 Sieh dir das erste Kind genau an.
Schreibe auf, wie es aussieht: *Es trägt eine* *Brille . . .*

Es trägt EINE BRILLE.
Es hat seine Hände in DEN HOSEN vergraben.
Es hat EINEN PULLI an.
DIE MÜTZE hat es schief auf dem Kopf.
DIE HAARE sehen unter DER MÜTZE hervor.
Und das Besondere sind DIE SCHUHE.

4 Du kannst dir noch ein anderes Kind aussuchen und aufschreiben, wie es aussieht.
Lass ein anderes Kind raten, wen du beschrieben hast.

→ Arbeitsheft, Seite 28:
Groß- und Kleinschreibung

Sprach-Werkstatt

Ein Schuhanzieher ist ein Mann,
der zieht sich ständig Schuhe an.

Ein Gabelstapler ist ein Mann,
der hundert Gabeln stapeln kann.

Fernseher sehen oft und gerne
mit einem Fernglas in die Ferne.

Der Hosenträger muss sich bücken,
er trägt viele Hosen auf dem Rücken.

Ein Wasserhahn, das ist ein Hahn,
der gut im Wasser schwimmen kann.

Ein Taschenmesser einer ist,
der ständig seine Tasche misst.

Texte den Bildern zuordnen

Nomen kann man zusammensetzen

Komische Tiere!

MARIEN KRÖTEN sind rot und haben schwarze Punkte.
REGEN SCHNECKEN kommen bei Regen aus der Erde heraus.
FLEDER KÄFER kann man abends manchmal fliegen sehen.
GARTEN SCHWEINCHEN fressen die Salatblätter im Garten ab.
SCHILD WÜRMER haben einen dicken Panzer.
MEER MÄUSE sind beliebte Haustiere.

1 Marienkröten gibt es natürlich nicht. Aber Marienkäfer!
Und die haben tatsächlich schwarze Punkte.
Schreibe den Text richtig auf.
Du musst dabei die Wörter richtig zusammensetzen:
Marienkäfer sind rot und haben schwarze Punkte.

Viele **Nomen** kann man **zusammensetzen.**
Dann wird aus *Tier* und *Ärztin* eine *Tierärztin.*
Der **zweite** Teil eines zusammengesetzten Nomens heißt **Grundwort,** weil er der **wichtigste** Teil ist.
Eine *Tierärztin* ist also vor allem eine **Ärztin.**
Der **erste** Teil eines zusammengesetzten Nomens heißt **Bestimmungswort,** weil er das Grundwort **näher bestimmt.**
Eine ***Tier**ärztin* ist also eine ganz bestimmte Art von *Ärztin.*

Tierwörter

RAUB-		-HANDLUNG
ZOO-		-PFLEGER
HAUS-	-TIER-	-ÄRZTIN
WILD-		-SCHUTZ
GÜRTEL-		-LIEBE

2 Schreibe zusammengesetzte Nomen auf.
Das Nomen **Tier** kann am Anfang oder am Ende stehen.
Schreibe den Artikel dazu: *das Raubtier, die Tierhandlung . . .*

Nomen richtig zusammensetzen

→ Wasser, Seite 42: Wasser-Wörter
→ Jahreszeiten . . ., Seite 71: Kartoffel-Wörter
→ Arbeitsheft, Seite 31: Nomen kann man zusammensetzen

Nomen haben Einzahl und Mehrzahl

Eins oder mehrere?

Auge	Flosse	Haar	Kopf	Kralle	Ohr	Mund	Stachel

1 Schreibe auf:

Alle Tiere haben einen Kopf und einen .
Alle Tiere haben zwei und .
Manche Tiere haben mehrere .
Manche Tiere haben ganz viele .

Die meisten Nomen haben **Einzahl** und **Mehrzahl:**
das Pferd – die Pferde, *eine Maus – viele Mäuse*
Die Mehrzahl erkennt man an dem Artikel **die** und an der **Endung** des Nomens.

das Baby	die Frau	der Bruder	die Schwester
das Kind	das Haustier	das Mädchen	das Bild
die Oma	der Hund	die Tante	der Kanarienvogel
der Vater	der Fisch	die Katze	das Meerschweinchen

2 Schreibe alle diese Wörter in der Einzahl und Mehrzahl auf:

Mehrzahl mit -s: das Baby – die Babys, . . .
Mehrzahl mit -er: das Kind – die . . .
Mehrzahl mit -n:
Mehrzahl mit -en:
Mehrzahl mit -e:
Mehrzahl mit ä, ö, ü:
Und hier sieht die Mehrzahl genau wie Einzahl aus:

→ Arbeitsheft, Seite 32: Einzahl und Mehrzahl

Mehrzahlwörter sind manchmal schwierig

Mehrzahl mit Umlauten: ä, ö, ü, äu

1 Bilde zu diesen Wörtern die Mehrzahl
und stelle sie zu Reimpaaren zusammen:
Bücher – die Tücher, . . .

Buch	Wand	Baum	Zug
Land	Hand	Krug	Rock
Tuch	Traum	Stock	Band

2 Kannst du noch weitere Mehrzahlwörter mit **ä, ö, ü, äu** finden?

Schwierige Mehrzahlwörter

3 Manchmal ist es nicht einfach die Mehrzahl zu bilden.
Sprecht euch die Wörter zuerst einmal in der Mehrzahl vor.
Schreibe die Wörter dann auf: *die Nacht – die Nächte, . . .*
Wenn du unsicher bist, schlage in der Wörterliste nach.

die Nacht	der Strauch	der 	der 	der Stall
der 	der 	der 	der 	der Napf
die Haut	der Ast	der Schlauch	der Draht	der Sattel

Kirschdiebe

4 Setze beim Abschreiben **ä, ö, ü** oder **äu** ein.
Achte auf die Groß- und Kleinschreibung.

Auf den _sten der Kirschb_me sitzen im Sommer viele V_gel.
Die picken mit ihren Schn_beln die Kirschen ab.
In kürzester Zeit sind in den G_rten die B_me leer gefressen.
Frau Müller klatscht in die H_nde.
Da fliegen die V_gel davon.
Und tausend kleine, weiße K_gelchen liegen auf der Erde.
Daraus kann Frau Müller keine Kirscht_rtchen mehr machen.

Mit der Wörterliste arbeiten

→ Arbeitsheft, Seite 32:
Einzahl und Mehrzahl

Artikel

Das Haus auf dem Berg

1. Schreibe die Geschichte ab.
Setze dabei immer die Artikel **ein, eine, einen, der, die, das** ein.

Hoch oben stand ? einsames Haus.
? Haus war leer. Nur ? Katze lebte noch darin.
? Katze lebte von Mäusen, denn davon gab es ? ganze Menge.
Nachts verließ ? Katze manchmal ? Haus.
In der Nähe lebte nämlich ? schwarzer Kater.
Und dann vollführten ? Katze und ? Kater ? wilden Tanz.

2. Lest euch dann die Geschichte gegenseitig vor.
Habt ihr immer die gleichen Artikel eingesetzt – oder nicht?

> Vor jedem Nomen kann ein **Artikel** stehen. Weil die Artikel die Nomen begleiten, nennt man sie auch **Begleiter.**
> Die drei Artikel in der **Einzahl** sind
> *der Kater – ein Kater, die Katze – eine Katze,*
> *das Haus – ein Haus.*
> In der **Mehrzahl** heißt der Artikel *die: die Katzen, die Häuser.*

Und so geht die Geschichte weiter

a) Unten in ? Dorf war der Kater zu Hause.
b) Die Kinder ärgerten ? Kater manchmal.
c) Aber manchmal wurde es ? Kater zu bunt.
d) Dann lief er aus ? Haus.
e) Wie freute er sich da, wenn die Katze ? Berg herunter kam und ? Besuch bei ihm machte.

3. In Sätzen kommen die Artikel manchmal auch in anderer Form vor:
dem, den, einem, einen, einer.
Lest euch den Schluss der Geschichte gegenseitig vor und setzt die Artikel ein.

4. Setze beim Abschreiben die richtigen Formen ein.

→ Arbeitsheft, Seite 33: Die Artikel

Adjektive

Von der Quelle bis zum Meer

Im Wald entspringt eine Quelle.
Das Wasser der Quelle ist glasklar.
Aus der Quelle wird ein Bach.
Der Bach ist durchsichtig bis auf den Grund.
Er stürzt über einen Wasserfall in die Tiefe.
Das Wasser am Wasserfall ist weiß.
Unten im Fluss ist dann das Wasser schon etwas bräunlich.
Viele Flüsse strömen zu einem breiten Strom zusammen.
Das Wasser im Strom ist ziemlich schmutzig.
Der Strom fließt in das Meer.
Draußen im Meer ist das Wasser grün.

1 Schreibe auf, wie die Quelle ist, wie der Bach ist:
die glasklare Quelle, der ___ Bach, . . .

> Mit **Adjektiven** kann man genauer beschreiben,
> wie etwas sein kann oder wie es aussieht.
> Alle Adjektive können zwischen einem **Artikel**
> und einem **Nomen** stehen: *die glasklare Quelle.*
> Viele Adjektive können aber auch so stehen:
> *Die Quelle ist glasklar.* *Die Augen sind grün.*

Wasser-Verse

2 Schreibe die Verse auf. Und hier sind die Reimwörter:
blass, blau, dreckig, eckig, erfrischend, nass, rau, zischend

Im Kessel kocht das Wasser ___,
der Badesee ist sehr ___.

Schwimmbecken sind fast immer ___,
das Pfützenwasser ist oft ___.

Meerwasser ist meist richtig ___,
doch Meereswellen sind oft ___.

Zitronenwasser ist recht ___,
doch jedes Wasser, das ist ___.

Reimwörter einsetzen

→ Ich bin ich, Seite 11, 12: Wer ist gemeint? / Sophie
→ Wasser, Seite 43: Wasser mal so, mal so
→ Arbeitsheft, Seite 34: Wortfelder mit Adjektiven

An Adjektiven kannst du ihn erkennen

Der ___ hat runde Öhrchen und ein weiches Fell
von goldbrauner Farbe. Der Kopf des ___ ist rundlich.
Der ___ hat schwarze Knopfaugen und kurze Beinchen.
Hinten hat er einen stummeligen Schwanz.
Der ___ ist so klein, dass er auf deiner Hand Platz hat.

1. Lies dir den obigen Text durch. Welches Tier ist gemeint?

2. Schreibe den Text ab und ergänze die fehlenden Wörter.

Teddybären

Der Teddybär hat ein ___ Fell.
Mit seinen ___ Knopfaugen schaut er dich an.
In seine ___ Ohren lässt er sich sogar hineinbeißen.
Manche Teddybären geben ___ Töne von sich.
Es gibt ganz ___ Teddybären
und bis zu einem Meter ___ Riesenbären.

3. Setze die Adjektive beim Abschreiben ein.
Dabei musst du sie verändern:
groß, weich, schwarz, rund, brummig, winzig

Es war einmal

Es war einmal ein ___, ___, ___, ___ Mann
so fängt die ___, ___, ___, ___ Geschichte an.
Der fing sich eine ___, ___, ___, ___ Maus,
so geht die ___, ___, ___, ___ Geschichte aus.

4. Bildet Gruppen. Jedes Kind schreibt dieses Gedicht auf einen Zettel.
Schreibt in die Lücken Adjektive. Lasst dahinter aber viel Platz!
Gebt dann eure Zettel weiter.
Das nächste Kind schreibt in die Lücke ein anderes Adjektiv.
Am Schluss stehen in jeder Lücke vier Adjektive.

→ Arbeitsheft, Seite 35:
Adjektive

Verben sagen, was jemand tun kann

Kreisgespräch

Die Kinder in der Klasse.
Niklas etwas:
„Können wir nicht mal eine Geschichte ?"
Die anderen auf ihn.
Sie zu ihm hin.
Da Paula.
Sie .
„Ich möchte euch gern ,
was meine Katze immer tut."

vorlesen
hören
erzählen
schauen
sitzen
fragt
meldet sich
antwortet

1 Was die Kinder tun, ist hier noch gar nicht gesagt.
Wenn du aber die Verben an die richtige Stelle setzt, dann weißt du es.

> In jedem Satz gibt es ein Wort, das sagt, was jemand **tun kann** oder was **passiert.** Solche Wörter nennt man **Verben:** *laufen, sprechen, nachdenken, schlafen, . . .*

2 Schreibt möglichst viele Verben an die Tafel:
spielen   auslachen   wegrennen

3 Suche dir von den Verben drei aus. Bilde Sätze mit ihnen.
Unterstreiche die Verben. Wenn ein Verb aus zwei Teilen besteht, dann unterstreiche die beiden Teile:

Jakob lacht Timo aus.

Im Morgenkreis

zuhören	auslachen	anschauen	dazwischenreden
sich melden	herumrennen	deutlich sprechen	schreien
erzählen	einschlafen	trampeln	fragen

4 Ordne diese Wörter so, dass man sieht:

Was man tun sollte:
. . .

Was man nicht tun sollte:
. . .

Verben einsetzen
Verben ordnen

→ Miteinander leben, Seite 17: Alle sind beschäftigt
→ Wasser, Seite 41: Wasser in Bewegung

→ Arbeitsheft, Seite 50: Treffende Verben einsetzen

Verben: die Grundform

Jedes **Verb** hat eine **Grundform.**
Im **Wörterbuch** oder in der Wörterliste stehen die Verben in der **Grundform:** *fressen, laufen, . . .*
In den **Sätzen,** die du verwendest,
kommen sie aber fast immer in einer **anderen Form** vor:
Der Hund frisst das Futter. Er fraß alles auf.
Struppi läuft weg. Er lief ganz weit.

Alle tun etwas

Paula … ihre T-Shirts zusammen,	legen
dann … sie in ihrem Lesebuch.	lesen
Janis … die Spülmaschine ein,	räumen
dann … er mit den Schularbeiten an.	fangen
Der Vater … das Zimmer,	saugen
dann … er dem Hund sein Futter.	geben
Die Mutter … die Wäsche vom Wäscheständer,	nehmen
dann … sie die Kochsendung im Fernsehen.	sehen
Die Katze … auf das Fensterbrett,	springen
dann … sie sich das Fell sauber.	lecken
Aber der Hund … sich von allem nicht stören,	lassen
Der … nur zu.	sehen
Hier stehen die Verben in einer Form mit *er* oder *sie.*	Das ist die Grundform.

1 Suche dir einige Sätze aus und schreibe sie auf:
Paula legt ihre T-Shirts zusammen . . .

Die **Grundform** eines Verbs steht immer nach Verben wie ich **muss,** ich **kann,** ich **soll** nicht.
kommt: *Ich muss nicht kommen!*

sie **gab**, ich **aß**, er **sah**, er **fing**, sie **hielt**, er **trug**, sie **wusste**, er **biss**, . . .

2 Schreibe die Grundform dieser Verben auf.
Mache die Probe mit *können, sollen, müssen: Sie gab: soll geben, . . .*

→ Jahreszeiten, Feste und Feiern, Seite 73: Plätzchen backen

→ Arbeitsheft, Seite 36: Verben: die Grundform

Verben in der Gegenwarts- und Vergangenheitsform

Schule früher – Schule heute

1 Früher saßen in einer Schulklasse oft mehr als 60 Kinder. Die Pulte standen hintereinander und die Kinder schauten stets nach vorn. Sie durften nicht miteinander sprechen. Und wenn der Lehrer sie etwas fragte, mussten sie aufstehen.

2 Heute gibt es in einer Klasse etwa 20 bis 30 Kinder. Die Tische stehen oft in Gruppen und die Kinder können sich gegenseitig anschauen. Manche sprechen leise miteinander. Manche gehen sogar in der Klasse umher und machen Freiarbeit. Wenn die Lehrerin die Kinder etwas fragt, dann bleiben sie sitzen.

1 Schreibe die Verben aus dem ersten Text heraus und bilde zu ihnen die Gegenwartsform (Präsens):
saßen – sitzen, standen – . . .

2 Schreibe den zweiten Text in die Vergangenheitsform (Präteritum) um. Stelle dir vor, du wärst schon erwachsen und würdest von früher erzählen. Das geht so:
Als ich noch in die Schule ging, gab es in einer Klasse etwa 20 bis 30 Kinder.

Verben können in der **Gegenwartsform (Präsens)** gebraucht werden. Das **Präsens** verwendet man meistens, wenn man etwas über die **Gegenwart** sagt:
Sie schreibt gerade eine Geschichte.
Verben können auch in der **einfachen Vergangenheitsform (Präteritum)** gebraucht werden.
Das **Präteritum** gebraucht man, wenn man etwas über die **Vergangenheit** sagt:
Gestern schrieb sie eine Geschichte.

Zeitformen verwenden

→ Bücher, Medien, Seite 62: Übungskiste
→ Jahreszeiten, Feste und Feiern, Seite 73: Plätzchen backen
→ Arbeitsheft, Seite 37, 38: Zeitformen

Zwei Vergangenheitsformen

Tierbeobachtung

1 Vorhin habe ich etwas Spannendes beobachtet.
Da ist eine Fliege mitten in ein Spinnennetz geflogen.
Dort hat sie gezappelt.
Da ist auf einmal blitzschnell eine Spinne gekommen
und hat die Fliege betäubt.
Dann hat sie sie mit einem Faden umwickelt.

2 Heute Morgen beobachtete ich etwas Spannendes.
Eine Fliege flog mitten in das Netz einer Spinne.
Sie zappelte eine Zeitlang.
Plötzlich kam blitzschnell eine Spinne an.
Sie betäubte die Fliege
und umwickelte sie mit einem klebrigen Faden.

1 In beiden Texten wird dasselbe berichtet. Und doch gibt es Unterschiede!
Lest euch beide Texte gegenseitig vor.

2 Schreibe die Verbformen aus beiden Texten heraus:
Perfekt: habe beobachtet, . . . *Präteritum: beobachtete, . . .*

Es gibt zwei **Vergangenheitsformen:**
- Das **Präteritum:**
  Es heißt auch einfache Vergangenheitsform,
  weil es nur aus einem einzigen Verb besteht:
  beobachtete, flog, . . .
- Das **Perfekt:**
  Es heißt auch zusammengesetzte Vergangenheitsform,
  weil es aus zwei Teilen besteht:
  habe beobachtet, ist geflogen, . . .

Das **Präteritum** verwenden wir eher, wenn wir
etwas Erlebtes **aufschreiben,** was vergangen ist.
Das **Perfekt** gebrauchen wir eher, wenn wir
etwas Erlebtes **mündlich erzählen,** was vergangen ist.

→ Tiere, Seite 32: Tiere beobachten
→ Arbeitsheft, Seite 37, 38: Zeitformen

Verbformen üben

Was Tiere tun können

	Präsens	**Präteritum**	**Perfekt**
Die Spinne,	sie ,	sie spann,	sie hat gesponnen
Die Fledermaus,	sie fliegt,	sie ,	sie ist geflogen
Der Frosch,	er springt,	er ,	er ist gesprungen
Die Kröte,	sie kriecht,	sie kroch,	sie ist
Die Biene,	sie sticht,	sie ,	sie hat

1. Schreibe zu diesen Beispielen zuerst die Grundform auf.
Du findest sie, wenn du die Probe mit *sie kann . . .* machst:
sie kann spinnen, . . .

2. Schreibe die Grundform und die anderen Verbformen auf.
Wenn sie nicht kennst, schau in der Wörterliste nach:
spinnen: sie spinnt, sie spann, sie hat gesponnen

Was Menschen tun können

Präsens	**Präteritum**	**Perfekt**
Sie schreibt,	sie schrieb,	sie hat
Er lügt,	er ,	er hat gelogen
Wir sitzen,	wir saßen,	wir haben
Sie sprechen,	sie ,	sie haben gesprochen
Sie liest,	sie ,	sie hat

3. Schreibe die Verben in den richtigen Zeitformen auf.

Der Traum

Ein Kind dachte sich im Traum:
Ein Geist erschreckte mich!
Vor Angst wachte es gleich auf
– und versteckte sich unterm Bett.

4. Wenn du diese Sätze im Perfekt aufschreibst,
wird ein Gedicht daraus.

→ Arbeitsheft, Seite 36:
Verben: die Grundform

Satzglieder

Umstellproben

1. Schreibt diese Wörter und den Punkt auf Pappstreifen.
Haltet jetzt die Pappen vor euren Körper.
Stellt euch vor der Klasse so zusammen,
dass ein richtiger Satz daraus wird.
Am Ende des Satzes steht das Kind mit dem Punkt.

2. Stellt euch mehrere Male um.
Probiert aus, wer alles am Anfang dieses Satzes stehen kann.

3. Jetzt kommt ein Kind mit einem Schild hinzu,
auf dem ein großes Fragezeichen steht.
Das Kind mit dem Punkt geht weg,
das mit dem Fragezeichen stellt sich am Ende des Satzes auf.
Was müssen nun die anderen Kinder tun?
Gibt es auch hier verschiedene Stellungen?

> Teile des **Satzes,** die man gemeinsam **umstellen** kann,
> heißen **Satzglieder.**
> Satzglieder können aus **einem** Wort
> oder aus **mehreren** Wörtern bestehen.

→ Arbeitsheft, Seite 39: Satzglieder umstellen

Satzglieder umstellen – Texte verbessern

Der Zauberer

Der Zauberer zaubert aus seinem Hut einen Hasen.

a) Er versteckt ihn wieder [unter einer großen Zeitung].
b) Er holt [dann] [aus seinem Zauberkoffer] ein langes Seil .
c) Er zerschneidet das Seil [mit einer großen Schere].
d) Er hat [nun] zwei kurze Seile [in seinen Händen].
e) Er wirft sie [mit einem Schwung] in die Luft.
f) Er fängt sie [danach] wieder auf.
g) Er hat [plötzlich] eine langen Zauberstab [in seiner Hand].
h) Er ruft [laut] Hokuspokus.
i) Er holt [jetzt] [unter der Zeitung] eine Taube hervor.
j) Er verbeugt sich [am Schluss] vor den Zuschauern.

1. Alle Sätze in dieser Geschichte fangen mit *Er* an.
Suche dir von eingerahmten Satzgliedern immer eins aus und stelle es an den Anfang der Sätze. So liest sich die Geschichte besser:
Unter einer großen Zeitung versteckt er ihn wieder.

2. Lest euch eure Sätze gegenseitig vor.

Ein Text über mich selbst

<u>Ich habe</u> blonde Haare und braune Augen.
Ich spiele <u>besonders gern</u> mit meiner Freundin Paula.
Ich habe <u>meistens</u> gute Laune.
Ich kann aber auch <u>manchmal</u> wütend sein.
Ich sehe vor allem Tiersendungen <u>im Fernsehen</u>.
Ich lese aber <u>noch lieber</u> Tierbücher.

3. Diesen Text kannst du überarbeiten.
Verschiebe dabei die unterstrichenen Satzglieder an den Anfang.

4. Du kannst aber auch einen Text über dich selbst schreiben.
Dann sollen deine Sätze mit den unterstrichenen Satzgliedern anfangen:
<u>Ich habe</u> . . .   <u>Besonders gern</u> . . .   <u>Am liebsten</u> . . .   . . .

→ Fliegen, Seite 49:
Mein Traum vom Fliegen

→ Arbeitsheft, Seite 39:
Satzglieder umstellen
Seite 49: Satzanfänge verändern

Subjekt und Prädikat

Wer tut hier was?

Die Köchin ...	Die Lehrerin ...	Der Kellner ...
Die Balletttänzerin ...	Der Arzt ...	Die Schneiderin ...

unterrichtet	schneidert	bedient	kocht	tanzt	heilt

1. Schreibe die Berufe mit den passenden Tätigkeiten auf und unterstreiche die Berufe blau: *Die Köchin kocht.*

> Sätze haben ein **Subjekt (Satzgegenstand)** und ein **Prädikat (Satzaussage).**
> Das Subjekt sagt aus, wer etwas tut: *Die **Köchin** kocht.*
> Das Prädikat sagt aus, was getan wird: *Die Köchin **kocht**.*
> Das Prädikat besteht immer aus einem Verb.

Was wird hier wirklich getan?

Der Bauer fegt die Kartoffeln.
Die Schornsteinfegerin deckt den Kamin.
Der Pilot pflanzt das Flugzeug.
Die Gärtnerin repariert die Blumen.
Die Elektrikerin pflegt die Steckdosen.
Der Dachdecker steuert das Haus.

2. In diesen Sätzen sind die Prädikate vertauscht.
Setze die richtigen Prädikate in die Sätze ein und unterstreiche sie rot:
Der Bauer pflanzt die Kartoffeln.

Berufe früher

Der Seiler drehte Seile. Der Küfer machte Fässer. Die Wäscherin wusch die Wäsche der reichen Leute. Töpfe und Eimer flickte der Kesselflicker. Der Holzschuhmacher schnitzte Holzschuhe.

3. Unterstreiche beim Abschreiben die Subjekte blau und die Prädikate rot.
Achtung: Einmal steht das Subjekt nicht am Satzanfang!

→ Tiere auf der Wiese, Seite 36: Auf der Wiese

→ Arbeitsheft, Seite 40: Das Prädikat
Seite 41: Subjekt und Prädikat

Die Satzzeichen am Ende des Satzes

1 Lest euch den folgenden Text erst einmal Zeile für Zeile so vor, wie er da steht: ohne Punkte!

Frau Krause kauft ein

Sie kauft für ihre Suppe Tomaten und Seife
kauft sie zum Waschen für den Wellensittich
bringt sie Vogelfutter mit für den Obstsalat
kauft sie Bananen für den Hund
kauft sie eine Wurst für den Opa
soll sie Rasierwasser mitbringen für die Katze
kauft sie Katzenfutter zum Fressen.

2 Setze beim Abschreiben des Textes die Punkte ein. Die Satzanfänge musst du natürlich großschreiben:
Sie kauft für die Suppe Tomaten.

3 Schreibe das folgende Gespräch ab und setze die Satzzeichen.

In der Küche

Vater: Komm, hilf mir mal beim Abtrocknen
Sohn: Muss ich das unbedingt
Vater: Zu zweit schaffen wir das viel schneller
Sohn: Ich habe aber gerade keine Zeit
Vater: Immer muss ich alles alleine machen
Sohn: Bist du sauer auf mich
Vater: Und wie
Sohn: Du kannst das doch alleine viel schneller
Vater: Zum Kuckuck, nein
Sohn: Na, dann will ich mal nicht so sein

Wenn ein Satz als **Ausruf** oder **Befehl** gemeint ist, setzt man ein **Ausrufezeichen.** Wenn er als **Frage** gemeint ist, setzt man ein **Fragezeichen.** Nach allen anderen Sätzen setzt man einen **Punkt.**

Texte abschreiben
Punkte setzen
Satzzeichen setzen

→ Miteinander leben, Seite 18: Beim Abendessen
→ Jahreszeiten, Feste und Feiern, Seite 69: Eierlaufen
→ Arbeitsheft, Seite 42: Punkt, Fragezeichen, Ausrufezeichen

Planen

Entwerfen/Schreiben

Mein Kaninchen

Gestern ist mein Kaninchen ausgebrochen. Ich hatte es in seinem Ställchen in den Garten gebracht. Dann bin ich wieder reingegangen und dann ging ich wieder raus und da war der Stall auf einmal umgekippt und das Kaninchen war weg. Da habe ich meine Mutter geholt und da haben wir das Kaninchen gesucht. Wir haben es gerufen und gerufen. Ich dachte schon, der Kater von nebenan hat es weggejagt. Da sahen wir plötzlich etwas Weißes im Gebüsch und da saß es tatsächlich und fraß Löwenzahn und da haben wir es wieder in seinen Käfig gebracht.

Beraten

Überarbeiten

1. Überarbeite selbst einmal diese Geschichte.
   Denke daran, was die anderen Kinder gesagt haben!

2. Überprüfe die Rechtschreibung.

Veröffentlichen

3. Lest euch die überarbeiteten Geschichten gegenseitig vor.

Reizwortgeschichten schreiben

1 In deiner Geschichte sollen diese Wörter vorkommen:

Inliner **Unfall** **fallen** **Knie** **Krankenwagen**

Überlege dir:
- Wer fährt Inliner?
- Was könnte passiert sein?
- Wie kommt es zu dem Unfall?

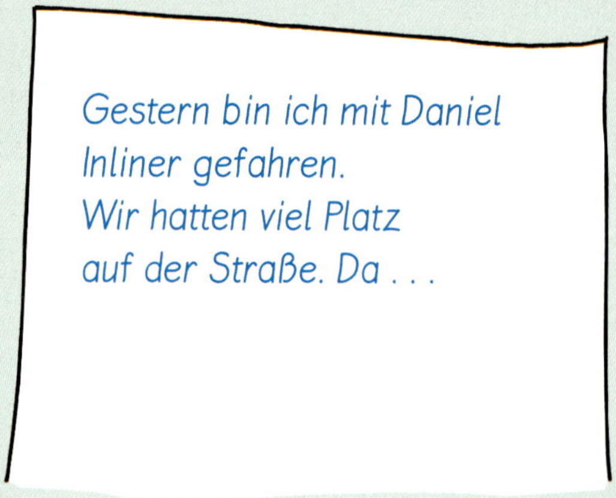

Geschichten-Würfel

2 Stellt euch Geschichten-Würfel her
und schreibt auf jede Seite ein Wort.
Würfelt mit jedem der Würfel ein Wort.
Schreibt mit den drei Wörtern eine Geschichte.

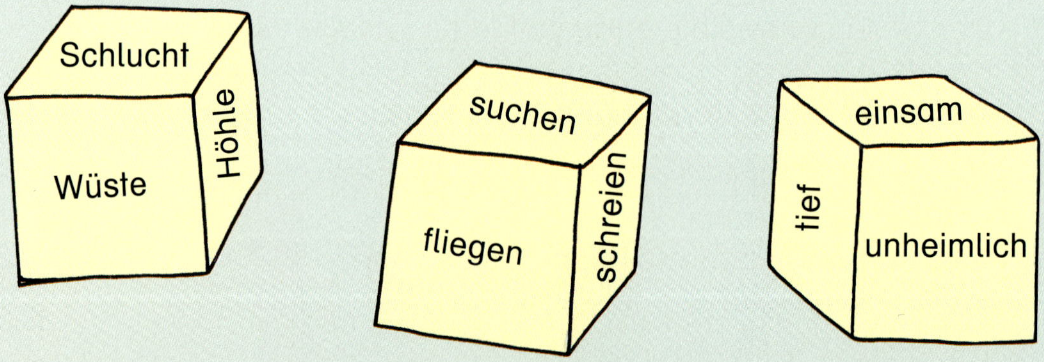

Lebewesen und Dinge beschreiben

Gemüserätsel
Meine Gemüsesorte ist
klein, rund und rot.
An der Spitze sieht sie aus
wie eine Zipfelmütze.
Sie schmeckt sehr scharf.

Obsträtsel
Meine Obstsorte ist klein,
rund und rot.
Sie hat einen dünnen Stiel.
In der Mitte steckt
ein harter Kern.

1 Löse die Rätsel.

2 Schreibe selbst ein Obst- und Gemüserätsel.

Was ist gemeint?

Es kann fliegen,
ist aber kein Lebewesen.
Es hat Flügel
und ist aus Metall.

3 Schreibe ein Rätsel zu einem anderen Bild.

Schmetterling – Ente

Flügel – zart, Schnabel – gelb, Beine – dünn, Muster – bunt,
Füße – Schwimmhäute, Fühler – lang, Federkleid – dicht,
Hals – kurz

4 Beschreibe die beiden Tiere:
Die Ente hat . . . Ihr Schnabel ist . . .

5 Beschreibe noch andere Tiere.

Rätsel lösen
Selbst Rätsel schreiben
Tiere beschreiben

Texte überarbeiten – Textlupe

Hamster
Ich hatte mal einen kleinen Hamster. Der durfte in meinem Zimmer frei herumlaufen. Und da war er verschwunden. Da habe ich nach ihm gesucht. Ich habe fast alles gerückt. Das war vielleicht hart. Schließlich habe ich ihn in meiner Schreibtisch-schublade gefunden. Da war ich aber froh. Danach habe ich ihn nicht mehr frei laufen lassen.

Diese Geschichte hat Kristin geschrieben.
Mit der Textlupe könnt ihr Kristin auf besondere Dinge ihrer Geschichte hinweisen:

- Fünf Kinder bekommen Lupen mit verschiedenen Arbeitsaufträgen.

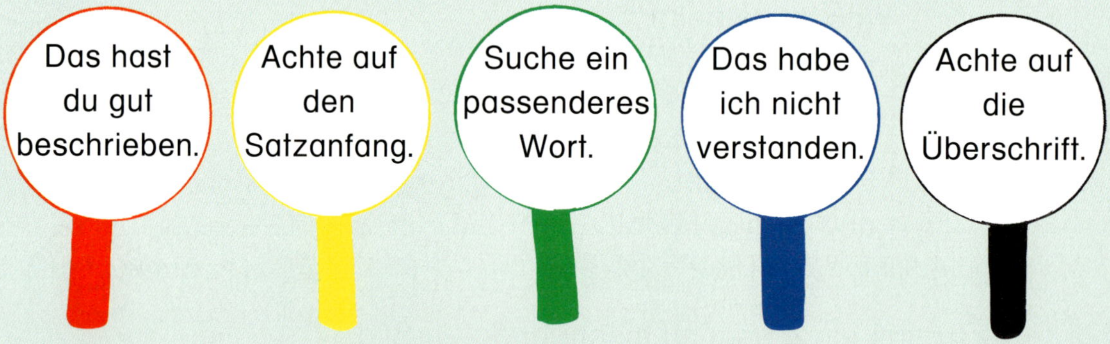

- Der Text von Kristin wird jetzt von einem Kind zum anderen Kind weitergereicht.

Hamster
Ich hatte mal einen kleinen Hamster. Der durfte in meinem Zimmer frei herumlaufen. Und da war er verschwunden. Da habe ich nach ihm gesucht. Ich habe fast alles gerückt. Das war vielleicht hart. Schließlich habe ich ihn in meiner Schreibtisch-schublade gefunden. Da war ich aber froh. Danach habe ich ihn nicht mehr frei laufen lassen.

→ Fliegen, Seite 49:
Mein Traum vom Fliegen

- Jedes Kind umrandet mit der Farbe seiner Textlupe eine Textstelle.

Hamster
Ich hatte mal einen kleinen Hamster. Der durfte in meinem Zimmer frei herumlaufen. Und da war er verschwunden. Da habe ich nach ihm gesucht. Ich habe fast alles gerückt. Das war vielleicht hart. Schließlich habe ich ihn in meiner Schreibtisch-schublade gefunden. Da war ich aber froh. Danach habe ich ihn nicht mehr frei laufen lassen.

- Zum Schluss bekommt Kristin ihren Text zurück. Sie überarbeitet die farbig markierten Stellen.

Hamster
Ich hatte mal einen kleinen Hamster. Der durfte in meinem Zimmer frei herumlaufen. Und da war er verschwunden. Da habe ich nach ihm gesucht. Ich habe fast alles gerückt. Das war vielleicht hart. Schließlich habe ich ihn in meiner Schreibtisch-schublade gefunden. Da war ich aber froh. Danach habe ich ihn nicht mehr frei laufen lassen.

1 Überarbeite die Geschichte mit den Vorschlägen der Kinder.

2 Mit der Textlupe könnt ihr auch eure Geschichten überarbeiten:
- Fünf Kinder arbeiten in einer Gruppe.
- Jedes Kind bekommt eine besondere Textlupe.
- Jedes Kind erhält den Text eines anderen Kindes.
- Jedes Kind umrandet mit der Farbe seiner Textlupe eine Textstelle.
- Dann wird der Text an das nächste Kind weiter gegeben.
- Zum Schluss bekommt jedes Kind den eigenen Text zurück und überarbeitet den Text nach den Tipps der anderen.

→ Arbeitsheft, Seite 52: Einen Text überarbeiten

Schöne Textstellen

Die Kinder der Klasse 3a haben kleine Frühlingstexte geschrieben.

Frühling ist da!
Der Blumenduft riecht wunderbar.
Die Osterglocken sind wunderschön.
Die Frühlingssonne geht am Morgen auf.
Sie leuchtet so so sonnigschön.
Vögel singen durch den Garten.
Ostereier werden bunt bemalt.
Herrlich!
Christina

Frühling
Ich lief durch den Wald. Da sah ich, wie die Bäume blühten. Und das Gras grün geworden ist. Und die Blumen bunt werden. Die Schmetterlinge fliegen über die Wiese. Vögel fangen an zu zwitschern.
Tobias

Der Frühling
Die Mücken summen vor dem Baum. Bienen sammeln Nektar. Die Vögel bauen schon ihre Nester, damit sie Eier legen können. Im Frühling zwitschern die Vögel sehr, sehr viel. Der Regen rinnert durch die Rinne.
Michelle

1. Lies die Texte der Kinder aufmerksam.
2. Suche aus jedem Text Textstellen heraus, die dir gut gefallen. Schreibe sie in dein Heft.
3. Schreibe einen eigenen Frühlingstext. Du darfst Textstellen der anderen Kinder benutzen.
4. Lest euch eure Frühlingstexte vor.

Einen Brief schreiben

Die Klasse 3b möchte Frau Berger für ihren Besuch in der Schule danken.

Köln, 7.5.04

. . . Frau Berger,

vielen Dank, dass Sie uns in der Klasse besucht haben und auf unsere vielen Fragen über Ihren Beruf geantwortet haben.

. . .

Klasse 3b aus der
Michael-Ende-Schule

Ganz oben rechts schreibt man seinen Wohnort und das Datum:
Köln, 7.5.2004

Darunter links kommt die Anrede mit einem Komma. Dann beginnt der Brieftext.

Am Ende schreibt man einen Schlusssatz und die Unterschrift.

Herzliche Grüße . . .
Bis bald . . .
Hochachtungsvoll . . .
Mit freundlichen Grüßen . . .

1 Überlegt euch eine passende Anrede:
Liebe Frau Berger, | Hallo, Frau Berger, | Sehr geehrte Frau Berger,

2 Was fällt dir bei den Wörter *Sie* und *Ihnen* auf?

3 Schreibe jetzt einen eigenen Brief.
Du kannst auch einen Brief schreiben,
in dem du jemandem dankst oder etwas erzählst.

4 Überlege dir auch einen passenden Schlusssatz.

Zur Adresse und zum Absender gehören:

Vorname und Familienname
Straße und Hausnummer
Postleitzahl und Wohnort

→ Arbeitsheft, Seite 53:
Einen Brief schreiben

Eine Geschichte – viele Geschichten

Was ist das eigentlich?
Auf den ersten Blick sehe ich eine Blumenschale mit gekeimten Weizenkörnern, ein kleines Boot, Spielfiguren, . . .
Doch halt, ein Blick durch meine Fantasielupe zeigt mir eine einsame Urwaldinsel mitten im Meer.

1 Entscheide dich für eine Figur.
Schreibe die Geschichte in der Ich-Form.
Einer der hier vorgedruckten Anfänge kann dir helfen.
Wie du deine Geschichte planen kannst und worauf du achten solltest, erfährst du auf der nächsten Seite.

Seit Wochen war ich mit meinem Schiff allein auf dem Ozean unterwegs. Da sah ich endlich Land. Doch . . .

Eines Tages kam etwas Rotes auf meine Insel zu. Es war ein zweibeiniges Tier mit rotem Fell. . . .

Gerettet! Das war mein erster Gedanke, als ich das Schiff am Strand erblickte.

2 Sucht kleine Dinge aus der Natur oder Krimskrams und stellt sie zu einer kleinen Landschaft zusammen.
Dazu könnt ihr selbst die spannendsten Geschichten erzählen.

→ Arbeitsheft, Seite 46/47: Zu Bildern schreiben

Eine Geschichte planen, schreiben, überarbeiten

1 Mit einem Gedankenschwarm kannst du Ordnung in deine Gedanken bringen. Er hilft dir auch, damit du beim Schreiben nichts vergisst. Zeichne einen Gedankenschwarm für die Figur auf Seite 124, für die du dich entschieden hast.

2 Eine gute Geschichte hat einen Anfang, einen Hauptteil und einen Schluss. Schreibe deine Geschichte in diesen drei Teilen.

Der Anfang

- In die Geschichte einführen und neugierig machen:

Seit Wochen war ich mit meinem Schiff allein auf dem Ozean unterwegs.

Sie kann aber auch mitten hineinführen:

Das wäre beinahe schiefgegangen!

Der Hauptteil

- Lebendig, anschaulich, spannend erzählen
- miterleben lassen, was der Erzähler erlebt, denkt und fühlt:

Ich traute meinen Augen kaum. Vor mir stand ein Tier, wie ich es noch nie gesehen hatte. Ich erschrak, denn . . .

Der Schluss

- Ein interessantes Ende
- ein Gedanke, der den Leser noch weiter beschäftigen soll:

Mir wurde klar, dass das Ungeheuer nur spielen wollte. Wir wurden Freunde und verbrachten eine schöne Zeit miteinander.

3 Lest euch eure Geschichten gegenseitig vor und haltet eine Schreibkonferenz ab.

- Sind Anfang, Hauptteil und Schluss gut zu erkennen?
- Werden die Schreibregeln eingehalten?

Märchen-Werkstatt

Es war einmal ein Brüderchen
und ein Schwesterchen,
die hatten sich sehr lieb.
Ihre Stiefmutter war aber
eine gar böse Frau.

Einmal hat sich in einer
kleinen Stadt eine seltsame
Geschichte zugetragen.

Vor langer Zeit gab es ein Land,
dort ging niemals der Mond auf
und kein Stern blinkte in der Finsternis.

1 Suche dir einen **Anfang** aus und schreibe ein Märchen dazu.

Oft gehen Märchen so **zu Ende:**

Der König und die Königin
lebten lange Jahre
in Glück und Frieden.

Und weil er mit seinem Pflaster
alle Wunden heilen konnte,
ward er der berühmteste Doktor
auf der ganzen Welt.

Darauf wurde die Hochzeit gefeiert,
und sie lebten vergnügt
bis an ihren Tod.

2 Suche dir ein Ende aus und schreibe ein Märchen dazu.
Überlege dir einen Anfang.

Nun habt ihr schon einiges über Märchen erfahren.
Diese Dinge kommen immer wieder in Märchen vor:

Personen: König, Prinzessin, Kind, . . .

Tiere: Wolf, Schlange, Frosch, . . .

Fantasiewesen: Riese, Zwerg, Hexe, Drache, . . .

Orte: Schloss, Teich, Wald, Pfefferkuchenhaus, . . .

Berufe: Müller, Schäfer, Spinnerin, Jäger, . . .

Gegenstände: Flasche, Apfel, Bett, Spindel, Steine, . . .

3 Sammelt zu jedem Begriff noch weitere Märchenwörter und schreibt sie auf farbige Kärtchen.
Daraus kann eine Märchenkartei werden.

Vater | Stock | Ziege | Berg

4 Jetzt könnt ihr euer eigenes Märchen schreiben.
Die Märchenkärtchen geben euch Stichwörter dazu.
Ziehe von jeder Farbe ein Kärtchen und schreibt ein Märchen.
Es können auch mehrere Kinder zusammenarbeiten.

Ein Elfchen schreiben

Sätze notieren

Ein Elfchen ist ein ganz kurzes Gedicht.
Wenn du ein Elfchen schreiben möchtest,
solltest du dir kurz aufschreiben, worüber!

Wir lesen. An die Scheiben unseres Klassenfensters klatscht laut der Rege
Es ist richtig gemütlich hier drin!

Was du dir aufgeschrieben hast, hat meistens mehr Wörter,
als ein Elfchen haben darf, nämlich 11.
Du musst dir also die wichtigsten Wörter aussuchen.

Ein Elfchen entwerfen

Ein Elfchen ist ein Gedicht aus elf Wörtern.
In der 1. Zeile steht ein Wort,
in der 2. Zeile stehen zwei Wörter,
in der 3. Zeile drei,
in der 4. Zeile vier,
und in der 5. Zeile steht wieder ein Wort.

An
die Fensterscheiben
klatscht laut der Regen.
Wir lesen. Gemütlich hier
drin!

Das Elfchen überarbeiten

1 Das Elfchen, das ein Kind geschrieben hat,
hat noch ein Wort zu viel. Das muss weg!
Außerdem könnte dieses Elfchen
noch schöner werden.
Das gelingt dir, wenn du das wichtigste
Wort ganz an das Ende verschiebst.
Am besten ist, du schreibst die Wörter auf kleine Zettel.
Ordne die Zettel dann so an, dass du ein Elfchen bekommst,
das dir wirklich gefällt.

Regen
klatscht *laut*
... ... *Fensterscheiben*
... ...
... ...
Gemütlich!

Elfchen veröffentlichen

2 Schreibt selbst Elfchen zu einem Thema:
Vielleicht über einen Blick aus dem Fenster.
Sammelt eure Elfchen und stellt ein Büchlein zusammen.

Texte anschaulicher machen

Verkleiden

Eines Abends waren die Eltern noch einmal
spazieren gegangen.
Da hatten Sandra und Patrick einen … Einfall.
Sie haben sich in … Betttücher gehüllt.
Dann haben sie das Licht ausgemacht
und geisterten im … Zimmer umher.
Sandra zischte … und Patrick machte … Geräusche.
Auf einmal kamen die Eltern zurück.
Sandra kletterte auf den … Schrank.
Patrick tanzte … im Zimmer herum und schrie: „Huhu.“
Der Vater bekam einen … Schreck.
Die Mutter aber musste … lachen.

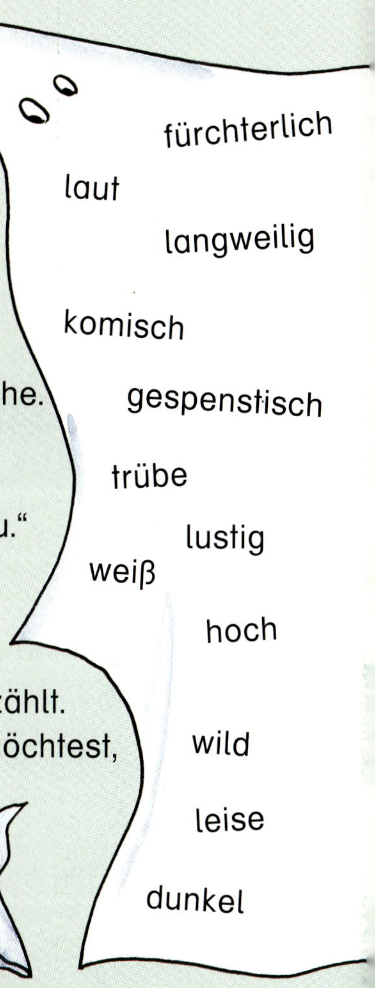

1 Diese Geschichte einer Schülerin ist schon sehr gut erzählt. Wenn du sie aber noch etwas anschaulicher machen möchtest, kannst du beim Schreiben Adjektive einfügen. Die Wörter rechts helfen dir dabei. Du kannst aber auch andere verwenden.

Im Zeltlager

Jan und Jenny waren mit ihren Eltern auf einem Zeltplatz. Da hörten sie nachts vor dem Zelt ein *(seltsames/komisches/fürchterliches)* Geräusch. Waren das Schritte? Jan horchte in die *(dunkle/stockfinstere/schwarze)* Nacht hinaus. Jenny hörte ihr Herz (leise/laut/*groß*) klopfen. Jetzt war das *(merkwürdige/komische/kratzende)* Geräusch *(dicht/direkt/nahe)* vor dem Eingang des Zeltes! Die Eltern atmeten *(gleichmäßig/ruhig/unruhig)* im Schlaf. Auf einmal polterte es *(furchtbar/laut/leise).* Jan stupste *(zitternd/leise/vorsichtig)* seine Mutter an. Er sagte: „Ich glaube, da draußen ist jemand!“

2 Suche dir beim Aufschreiben der Geschichte eines der Adjektive aus und erfinde einen Schluss.

→ Arbeitsheft, Seite 51: Einen Text anschaulich gestalten

Wie du mit der Wörterliste üben kannst

Schreibe die Wörter, die du hier übst, in dein Rechtschreib-Heft.

1 Suche in der Wörterliste das erste **Nomen,**
das mit **B, F, J, L, M, R, S, V** anfängt, und schreibe es so auf:
das Baby, Seite ?!.

2 Suche in der Wörterliste die Wörter für die **Tages- und Jahreszeiten.**
Schreibe sie mit der Seitenzahl auf:
der Abend, Seite ?!.
der Frühling, Seite ?!.

3 Blättere in der Wörterliste und suche dir
fünf **Wörter für Kleidungsstücke** heraus.
Schreibe sie mit der Seitenzahl auf:
die Hose, Seite ?!.

4 Suche dir aus der **Wörterliste** fünf Wörter heraus,
die drei Silben haben.
Schreibe sie mit der Seitenzahl auf:
an-fas-sen, Seite ?!.

5 Werden diese Wörter mit **g** oder **k** am Ende geschrieben?
Suche sie aus der Wörterliste heraus
und schreibe die Seitenzahl dahinter:

der Zwei?, *der Schran?,* *sie fra?t,*
kran?, *die Ban?,* *schrä?*

6 Werden diese Wörter mit **ss** oder **ß** geschrieben?
Suche sie in der Wörterliste und schreibe sie
mit Seitenzahl auf:

die Fü?e, der Ku?, der Flu?,
die Stra?e, die So?e, die Nu?

7 Werden diese Wörter mit **-ig** oder **-lich** am Ende geschrieben?
Suche sie in der Wörterliste
und schreibe sie mit der Seitenzahl auf:

fröh?, eck?, gift?, glück?, schreck?, lust?

8 Wörter in der Mehrzahl können mit **-e, -er, -en, -n** oder **-s** enden.
Suche zu jeder dieser Mehrzahl-Formen
ein Wort in der Wörterliste.
Schreibe sie mit Seitenzahl auf:

die Zebras, Seite ?.

9 Wie werden diese Wörter in Silben getrennt?
Probiere es selbst aus und vergleiche dann mit der Wörterliste.

Dienstag	Fehler	lustig	witzig
hervor	Gespenst	bisschen	Schuhe
Backe	schließen	hüpfen	wachsen

A a

ab
A|bend, der
a|ber
acht
Af|fe, der
ähn|lich
al|le
al|lein
als
al|so
alt
äl|ter, am äl|tes|ten
an|de|re
an|ders
An|fang, der
an|fan|gen
an|fas|sen
an|ge|ben
Angst, die
ängst|lich
an|schau|en
Ant|wort, die
ant|wor|ten
Ap|fel, der
die Äp|fel
Ap|fel|si|ne, die
A|pril, der
auch: **Ap|ril**
Ar|beit, die
ar|bei|ten
Är|ger, der
är|gern
Arm, der
arm
är|mer,
am ärms|ten
Arzt, der
Ärz|tin, die
die Ärz|tin|nen
Ast, der
die Äs|te
auch
auf
auf ein|mal
Auf|ga|be, die
auf|hö|ren
auf|pas|sen
Auf|satz, der
auf|ste|hen
Au|ge, das
die Au|gen
Au|gust, der
aus
aus|se|hen
au|ßer
au|ßer|dem
aus|zie|hen
Au|to, das
die Au|tos

B b

Ba|by, das
die Ba|bys
Bach, der
die Bä|che
Ba|cke, die
ba|cken
Bad, das
die Bä|der
ba|den
Bahn, die
bald
Ball, der
die Bäl|le
Band, das
die Bän|der
Bank, die
die Bän|ke
Bär, der
bas|teln
bas|telt
Bauch, der
die Bäu|che
bau|en
baut
Baum, der
die Bäu|me
bei|de
Bein, das
die Bei|ne
bei|ßen
beißt, biss,
ge|bis|sen
be|kom|men
be|kommt
bel|len
bellt
Berg, der
die Ber|ge
Be|ruf, der
be|son|ders
bes|ser
am bes|ten
be|stimmt
Be|such, der
be|su|chen
Bett, das
be|zah|len
bie|gen
biegt, bog, ge|bo|gen
Bild, das
die Bil|der
bil|lig
(ich) **bin**
bis
ein **biss|chen**
bis|sig
(du) **bist**
bit|ten
bit|tet
bit|ter
blass
Blatt, das
die Blät|ter
blau
blei|ben
bleibt
Blei|stift, der
Blitz, der
blit|zen
blitzt
blond
bloß
blü|hen
blüht
Blu|me, die
Blü|te, die
bo|ckig
Bon|bon, das
die Bon|bons
Boot, das
bö|se
bo|xen
boxt
brau|chen
braucht
braun
bre|chen
bricht, brach,
ge|bro|chen
breit
bren|nen
brennt, brann|te,
ge|brannt
Brief, der
Bril|le, die
brin|gen
bringt, brach|te,
ge|bracht
Brot, das
Brü|cke, die
Bru|der, der
die Brü|der
brül|len
brum|men
brummt
brum|mig

Buch, das
die Bü|cher
(sich) **bü|cken**
bunt
Bus, der
die Bus|se
Busch, der
die Bü|sche
bü|ßen
büßt
But|ter, die

C c

Chips, die
Com|pu|ter, der
cool

D d

da
da|bei
Dach, das
die Dä|cher
Da|ckel, der
da|für
da|ge|gen
da|mals
Da|me, die
da|mit
da|nach
dan|ken
dankt
dann
da|rauf, dar|auf,
da|rüber, dar|über,
da|rum, dar|um
Dau|men, der
da|von
da|vor
da|zu
dein
den|ken
denkt
denn
des|halb
deut|lich
De|zem|ber, der
dich
dicht
dick
dick|köp|fig
Dieb, der
die Die|be
Dieb|stahl, der
Diens|tag, der
Dik|tat, das
dik|tie|ren
Ding, das
Di|no|sau|ri|er, der
dir
Don|ners|tag, der
doof
dort
Dra|chen, der
Draht, der
die Dräh|te
drau|ßen
Dreck, der
dre|ckig
drei
drin|nen
drü|ben
dumm
düm|mer,
am dümms|ten
dun|kel
dünn
durch
dür|fen
darf, durf|te
Durst, der
durs|tig
du|schen

E e

echt
E|cke, die
e|ckig
e|gal
ehr|lich
Ei, das
die Ei|er
ei|gent|lich
ein, ei|ne
ein|fach
ei|ni|ge
ein|kau|fen
ein|la|den
lädt ein
ein|mal
eins
ein|sam
Eis, das
Ei|sen|bahn, die
ek|lig
E|le|fant, der
El|tern, die
En|de, das
zu En|de
end|lich
eng
ent|de|cken
En|te, die
ent|schul|di|gen
Er|de, die
er|klä|ren
Er|leb|nis, das
ernst
er|schre|cken
er|zäh|len
er|zählt
es|sen
isst, aß, ge|ges|sen
Es|sen, das
et|was
euch
Eu|le, die

F f

fah|ren
fährt, fuhr,
ge|fah|ren
Fahr|rad, das
die Fahr|rä|der
fal|len
fällt, fiel, ge|fal|len
falsch
Fa|mi|lie, die
fan|gen
fängt, fing,
ge|fan|gen
Far|be, die
Fass, das
die Fäs|ser
fas|sen
fasst, ge|fasst
faul
Fe|bru|ar, der
Fee, die
feh|len
fehlt
Feh|ler, der
fei|ern
fei|ert
Feind, der
feind|lich
Fell, das
Fens|ter, das
Fe|ri|en, die
der Fe|ri|en|tag
fern|se|hen
Fern|se|her, der
fer|tig
fes|seln
fest
Feu|er, das
fin|den
fin|det, fand,
ge|fun|den
Fin|ger, der

Fisch, der
die Fi|sche
Fla|sche, die
flei|ßig
flie|gen
fliegt, flog,
ge|flo|gen
flie|ßen
fließt, floss,
ge|flos|sen
Flos|se, die
die Flos|sen
Flug|zeug, das
Fluss, der
die Flüs|se
fort
Fra|ge, die
fra|gen
fragt, frag|te,
ge|fragt
Frau, die
die Frau|en
frech
fre|cher,
am frechs|ten
Frei|tag, der
fremd
fres|sen
frisst, fraß,
ge|fres|sen
Freu|de, die
(sich) **freu|en**
freu|dig
Freund, der
Freun|din, die
freund|lich
frie|ren
friert, fror,
ge|fro|ren
froh
fröh|lich
früh
Früh|ling, der
Früh|stück, das
früh|stü|cken
füh|len
fühlt
Fül|ler, der
fünf
für
Fuß, der
die Fü|ße
Fut|ter, das
füt|tern
füt|tert
Fuß|ball, der

G g

Ga|bel, die
die Ga|beln
ganz
gar nichts
Gar|ten, der
die Gär|ten
Gast, der
die Gäs|te
ge|ben
gibt, gab, ge|ge|ben
Ge|burts|tag, der
ge|fähr|lich
Ge|fühl, das
ge|gen|ü|ber
ge|hen
geht, ging,
ge|gan|gen
ge|hö|ren
gelb
Geld, das
ge|mein|sam
ge|müt|lich
ge|nau
ge|nug
ge|ra|de
ge|rin|gelt
gern
Ge|schenk, das
die Ge|schen|ke
Ge|schich|te, die
die Ge|schich|ten
ge|schickt
Ge|sicht, das
die Ge|sich|ter
Ge|spenst, das
die Ge|spens|ter
ge|spens|tisch
ges|tern
ge|sund
ge|win|nen
ge|winnt, ge|wann,
ge|won|nen
Ge|wit|ter, das
ge|wohnt
gie|ßen
gießt, goss,
ge|gos|sen
gif|tig
Glas, das
die Glä|ser
glatt
glau|ben
glaubt
gleich
Glück, das
glück|lich
Gras, das
die Grä|ser
gra|tu|lie|ren
grau
groß
grö|ßer,
am größ|ten
grün
Grup|pe, die
gru|se|lig
Gruß, der
die Grü|ße
grü|ßen
grüßt
gu|cken
guckt
Gur|ke, die
die Gur|ken
gut
al|les Gu|te
Gü|te, die
gü|tig

H h

Haar, das
Haa|re, die
ha|ben
hat
Hahn, der
die Häh|ne
Hals, der
die Häl|se
hal|ten
hält, hielt,
ge|hal|ten
Ham|mer, der
Hams|ter, der
Hand, die
die Hän|de
hän|gen
hängt
hart
Ha|se, der
has|sen
hasst
Haus, das
die Häu|ser
das Häus|chen
zu Hau|se
Haut, die
die Häu|te

he|ben
hebt, hob,
ge|ho|ben
Heft, das
heiß
hei|ßen
heißt
hel|fen
hilft, half, ge|hol|fen
hell
Hemd, das
die Hem|den
her
he|rauf, her|auf
he|raus, her|aus
Herbst, der
Herd, der
die Her|de
herr|lich
he|rum,
her|um
he|run|ter,
her|un|ter
her|vor
Herz, das
herz|lich
het|zen
heu|len
heult
heu|te
He|xe, die
hier
Hil|fe, die
Him|mel, der
hin
hi|naus, hin|aus
hi|nein, hin|ein
hin|fal|len
hin|ter
hin|ter|her
Hit|ze, die
hoch
hö|her,
am höchs|ten
hof|fent|lich
ho|len
holt
hö|ren
Ho|se, die
Hund, der
die Hun|de
Hun|ger, der
hung|rig
hüp|fen
hüpft
Hut, der
die Hü|te

I i

I|gel, der
ihm
ihn, ih|nen
ihr, ih|ren
im
im|mer
ir|gend|ei|ner
ir|gend|et|was
ir|gend|wie
ir|gend|wo

J j

Ja|cke, die
Jahr, das
Ja|nu|ar, der
Jeans, die
je|de, je|der
je|den|falls
je|mand
jetzt
Jo|ghurt, der
auch: Jo|gurt
Ju|li, der
jung
jün|ger,
am jüngs|ten
Jun|ge, der
die Jun|gen
Ju|ni, der

K k

Kaf|fee, der
Ka|kao, der
Ka|len|der, der
kalt
käl|ter,
am käl|tes|ten
Kamm, der
die Käm|me
käm|men
kämmt
Ka|na|ri|en|vo|gel,
der
die Ka|na|ri|en|vö|gel
ka|putt
Kar|tof|fel, die
die Kar|tof|feln
Kas|se, die
Ka|ter, der
Kat|ze, die
die Kat|zen
kau|fen
kaum
kein, kei|ne
ken|nen
kennt, kann|te,
ge|kannt
Ker|ze, die
Kes|sel, der
Kind, das
die Kin|der
kind|lich
Kir|sche, die
kit|zeln
kit|zelt
Klam|mer, die
klap|pern
klap|pert
klar
Klas|se, die
kle|ben
klebt
kle|ckern
kle|ckert
Kleid, das
die Klei|der
klein
klei|ner,
am kleins|ten
klet|tern
klet|tert
klin|geln
klin|gelt
Kloß, der
die Klö|ße
klug
klü|ger,
am klügs|ten
kna|cken
knackt
knal|len
knallt
Knie, das
Knopf, der
die Knöp|fe
ko|chen
kocht
ko|misch
kom|men
kommt, kam,
ge|kom|men
Kö|nig, der
Kö|ni|gin, die
kön|nen
kann

Kopf, der
die Köp|fe
kos|ten
kos|tet
krab|beln
Krach, der
Kraft, die
kräf|tig
Kral|le, die
die Kral|len
Kran, der
die Krä|ne
krank
Kranz, der
die Krän|ze
krat|zen
kratzt
Kreis, der
krie|chen
kriecht, kroch,
ge|kro|chen
krie|gen
kriegt
Krö|te, die
die Krö|ten
Krug, der
die Krü|ge
krumm
Ku|chen, der
Ku|gel, die
die Ku|geln
kurz
kür|zer,
am kür|zes|ten
Ku|sine, die
Kuss, der
die Küs|se
küs|sen
küsst

L l

la|chen
lacht
Land, das
die Län|der
lang
län|ger,
am längs|ten
Lan|ge|wei|le, die
lang|sam
lang|wei|lig
las|sen
lässt, ließ,
ge|las|sen
lau|fen
läuft, lief,
ge|lau|fen
laut
le|ben
lebt
le|cken
leckt
le|cker
leer
le|gen
legt
Leh|rer, der
Leh|re|rin, die
die Leh|re|rin|nen
leicht
lei|der
lei|se
ler|nen
lernt
Le|se|buch, das
le|sen
liest, las,
ge|le|sen
letz|te, letz|ter
Leu|te, die
Licht, das
lieb
Lie|be, die
lie|ben
liebt
Lied, das
die Lie|der
lie|gen
liegt, lag,
ge|le|gen
links
Lip|pen, die
Loch, das
die Lö|cher
Löf|fel, der
los
los|las|sen
Lö|we, der
die Lö|wen
Luft, die
lü|gen
lügt, log,
ge|lo|gen
Lust, die
lus|tig

M m

ma|chen
macht
Mäd|chen, das
die Mäd|chen
Mai, der
ma|len
malt
man|che
manch|mal
Mann, der
die Män|ner
Man|tel, der
die Män|tel
Mär|chen, das
März, der
Ma|schi|ne, die
Maus, die
die Mäu|se
das Mäus|chen
me|ckern
me|ckert
Meer, das
Meerschwein|chen,
das
mehr
mein, mei|ne
meis|tens
Mensch, der
die Men|schen
mer|ken
merkt
Mes|ser, das
mich
Milch, die
mir
mit
mit|ma|chen
Mit|tag, der
Mitt|woch, der
mö|gen
mag
mög|lich
Möh|re, die
Mohr|rübe, die
Mo|nat, der
Mond, der
Mon|tag, der
mor|gen
Mor|gen, der
Mü|cke, die
mü|de
Mund, der
die Mün|der
münd|lich
müs|sen
muss
Mut, der

mu|tig
mu|tiger,
am mu|tigs|ten
Mut|ter, die
die Müt|ter
Müt|ze, die

N n

nach
nach|den|ken
nach Hau|se
Nach|mit|tag,
der
Nacht, die
die Näch|te
Na|gel, der
die Nä|gel
nah
nä|her,
am nächs|ten
Na|me, der
näm|lich
Napf, der
die Näp|fe
Na|se, die
nass
na|tür|lich
Ne|bel, der
neb|lig
neh|men
nimmt, nahm,
ge|nom|men
nett
Netz, das
neu
neu|gie|rig
neun
nicht
nichts
nie
nie|mals
nie|mand
noch
noch ein|mal
noch mal
No|vem|ber, der
nun
nur
Nuss, die
die Nüs|se

O o

ob
o|ben
o|der
of|fen
oft
öf|ter
oh|ne
Ohr, das
die Oh|ren
Ok|to|ber, der
O|ma, die
die O|mas
On|kel, der
or|dent|lich
Os|tern

P p

paar
Paar, das
ein paar Blumen
ein Paar Schuhe
pa|cken
packt
Pa|pier, das
pas|sen
passt
Pau|se, die
pet|zen
petzt
Pferd, das
die Pfer|de
Pflan|ze, die
pflan|zen
pflanzt
Pfüt|ze, die
plap|pern
plap|pert
Platz, der
die Plät|ze
plötz|lich
Po|ny, das
die Po|nys
Post, die
Pud|ding, der
Pu|del, der
Pul|li, der
Pul|lover, der
Pup|pe, die
Pus|te|blu|me, die

Qu qu

Qual|le, die
Quark, der
Quatsch, der
Quel|le, die
quiet|schen
quietscht

R r

Rad, das
die Rä|der
ra|deln
ra|delt
Rad|fah|ren, das
Rad fah|ren
Ra|dies|chen, das
Rand, der
die Rän|der
ra|ten
rät
Rät|sel, das
Rat|te, die
rau|ben
raubt
räu|men
räumt
raus
rech|nen
rechts
Re|gen, der
reg|nen
reg|net
rein
rein|ge|hen
rei|ßen
rei|ten
rei|tet, ritt, ge|rit|ten
ren|nen
rennt, rann|te,
ge|rannt
rich|tig
rie|chen
riecht
Rie|se, der
Rind, das
die Rin|der
Ring, der
die Rin|ge
Rock, der
die Rö|cke
rot
Rü|cken, der
ru|fen
ruft, rief, ge|ru|fen

Ru|he, die
ruhig
rüh|ren
rührt
rund
run|ter
rut|schen
rutscht

S s

Sa|chen, die
Sack, der
sa|gen
sagt
Sa|lat, der
Salz, das
Sams|tag, der
Sand, der
satt
Sat|tel, der
die Sät|tel
Satz, der
die Sät|ze
sau|ber
sau|gen
saugt

scha|de
Schaf, das
Schal, der
Scha|le, die
(sich) **schä|men**
scharf
Schatz, der
die Schät|ze
schau|en
schaut
schen|ken
schenkt
Sche|re, die
schie|ben
schiebt, schob,
ge|scho|ben
schief
schie|ßen
schießt
Schiff, das
die Schif|fe
schimp|fen
schla|fen
schläft, schlief,
ge|schla|fen
schla|gen
schlägt, schlug,
ge|schla|gen
schlau
Schlauch, der
die Schläu|che
schlecht
schlie|ßen
schließt,
schloss,
ge|schlos|sen
schlimm
Schloss, das
die Schlös|ser
Schluss, der
Schlüs|sel, der
schme|cken
schmeckt
Schmet|ter|ling, der
schmut|zig
schmut|zi|ger,
am schmut|zigs|ten
Schnee, der
schnei|den
schnei|det, schnitt,
ge|schnit|ten
schnei|dern
schnell
Scho|ko|la|de, die
schon
schön
Schoß, der
die Schö|ße
schräg
Schrank, der
die Schrän|ke
schreck|lich
schrei|ben
schreibt, schrieb,
ge|schrie|ben
schrei|en
schreit, schrie,
ge|schri|en
Schrift, die
schrift|lich
Schuh, der
die Schu|he
Schu|le, die
schul|dig
Schü|ler, der
Schü|le|rin, die
die Schü|le|rin|nen
Schuss, der
die Schüs|se
schwach
schwä|cher,
am schwächs|ten
Schwamm, der
die Schwäm|me
schwarz
Schwein, das
schwer
Schwes|ter, die
die Schwes|tern
schwim|men
schwimmt,
schwamm,
ge|schwom|men
schwit|zen
schwitzt
schwö|ren

sechs
See, der
se|hen
sieht, sah,
ge|se|hen
sehr
(ihr) **seid**
sel|ber, selbst
sel|ten
Sep|tem|ber, der
Ses|sel, der
set|zen
setzt sich
Sieb, das
die Sie|be
sie|ben
sie|gen
siegt
(wir) **sind**
sin|gen
singt, sang,
ge|sun|gen
Sitz, der
sit|zen
sitzt, saß,
ge|ses|sen
So|cken, die
so|gar
Sohn, der
die Söh|ne
sol|che
sol|len
soll
Som|mer, der
Sonn|a|bend, der
Son|ne, die
Sonn|tag, der
sonst
So|ße, die
die So|ßen

span|nend
Spaß, der
spät
Spatz, der
die Spat|zen

spa|zie|ren
spa|zie|ren ge|hen
Spiel, das
spie|len
spielt
spin|nen
spinnt, spann,
ge|spon|nen
spitz
Spit|ze, die
Spra|che, die
spre|chen
spricht, sprach,
ge|spro|chen
sprin|gen
springt, sprang,
ge|sprun|gen
sprit|zen
spritzt
spu|cken
spuckt

Sta|chel, der
die Sta|cheln
Stadt, die
die Städ|te
Stall, der
die Stäl|le
stark
stär|ker,
am stärk|sten
ste|chen
sticht, stach,
ge|sto|chen
ste|hen
steht, stand,
ge|stan|den
steh|len
stiehlt, stahl,
ge|stoh|len
Stein, der
stei|nig
stel|len
stellt

Stern, der
die Ster|ne
Stie|fel, der
still
Stim|me, die
stim|men
stimmt
Stock, der
die Stö|cke
Stra|ße, die
die Stra|ßen
Strauch, der
die Sträu|cher
Strauß, der
die Sträu|ße
strei|cheln
Streit, der
strei|ten
strei|tet
stri|cken
strickt
Strumpf, der
die Strümp|fe
Stück, das
die Stü|cke
Stuhl, der
die Stüh|le
Stun|de, die
Sturm, der
stür|zen
stürzt
su|chen
sucht
sum|men
Sup|pe, die
süß

T t

Ta|fel, die
Tag, der
täg|lich

Tal, das
Tan|ne, die
die Tan|nen
Tan|te, die
die Tan|ten
tan|zen
tanzt
Ta|sche, die
Tas|se, die
Ted|dy, der
die Ted|dys
Te|le|fon, das
te|le|fo|nie|ren
Tel|ler, der
teu|er
Text, der
ti|cken
tief
Tier, das
die Tie|re
Tisch, der
Toch|ter, die
die Töch|ter
toll
Ton|ne, die
Tor, das
Tor|te, die
tot
tra|ben
trabt
tra|gen
trägt, trug,
ge|tra|gen
Traum, der
die Träu|me
träu|men
träumt
trau|rig
trau|ri|ger,
am trau|rigs|ten
tref|fen
trifft, traf,
ge|trof|fen
Trep|pe, die

tre|ten
tritt, trat, ge|tre|ten
trin|ken
trinkt, trank,
ge|trun|ken
tro|cken
trotz|dem
T-Shirt, das
Tuch, das
die Tü|cher
tun
tut
Tür, die
tur|nen
turnt
Turn|schu|he, die
Tü|te, die

U u

ü|ben
ü|ber
ü|ber|all
Uhr, die
um
und
un|heim|lich
uns
un|ten
un|ter
Un|ter|richt, der

V v

Va|ter, der
die Vä|ter
ver|bo|ten
ver|ges|sen
vergisst
ver|ir|ren

ver|kau|fen
ver|kehrt
ver|klei|den
ver|lie|ben
ver|lie|ren
ver|liert
ver|rückt
ver|ste|cken
ver|ste|hen
ver|steht,
ver|stand
ver|su|chen
ver|sucht
viel, vie|le
viel|leicht
vier
Vo|gel, der
die Vö|gel
voll
vom
von
vor
vor|bei
vor|her
Vor|mit|tag, der
vorn
vor|sich|tig

W w

wach
wach|sen
wächst, wuchs,
ge|wach|sen
Wa|gen, der
wahr
Wal, der
die Wa|le
Wald, der
die Wäl|der
Wand, der
die Wän|de
wan|dern
wan|dert
wann
Wan|ne, die
(ich) **war**
warm
wär|mer,
am wärms|ten
war|ten
war|tet
wa|rum, war|um
was
wa|schen
wäscht, wusch,
ge|wa|schen
Was|ser, das
We|cker, der
Weg, der
weg
weich
Weih|nach|ten
wei|nen
weiß
weit
wei|ter,
am wei|tes|ten
wel|che, wel|cher
Wel|le, die
Welt, die
wem
wen
we|nig
wenn
wer
wer|den
wird, wur|de,
ge|wor|den
Wet|ter, das
wich|tig
wich|ti|ger,
am wich|tigs|ten
wie|der
Wie|se, die
wie viel
wie viele
wild
Wind, der
wir
wirk|lich
wis|sen
weiß
Witz, der
wit|zig
Wo|che, die
wohl
woh|nen
wohnt
Woh|nung, die
Wol|ke, die
Wol|le, die
wol|len
will
Wort, das
die Wör|ter
Wunsch, der
wün|schen
wünscht
Wür|fel, der
Wurst, die
die Würs|te
Wut, die
wü|tend

Z z

Zahl, die
zäh|len
zählt
zahm
Zahn, der
die Zäh|ne
zan|ken
zankt
zau|bern
zau|bert
Zaun, der
die Zäu|ne
Ze|he, die
die Ze|hen
zehn
zeich|nen
Zeit, die
Zei|tung, die
zer|rei|ßen
Zet|tel, der
Zeug|nis, das
zie|len
zielt
ziem|lich
Zim|mer, das
Zir|kus, der
Zoo, der
Zopf, der
die Zöp|fe
Zu|cker, der
zu En|de
zu|erst
zu Hau|se
Zug, der
die Zü|ge
zu|letzt
zu|rück
zu|sam|men
zu viel
zu we|nig
zwar
zwei
Zweig, der
die Zwei|ge
Zwerg, der
die Zwer|ge
zwi|schen
zwölf

Verzeichnis der Fachwörter

	Mündliches Sprachhandeln	Schriftliches Sprachhandeln einschl. Rechtschreiben
Im Buch stöbern Seite 4 – 5	Eine Reise durch das Sprachbuch unternehmen	
A ... wie Anfang Seite 6 – 9	Das ABC wiederholen, sprechen, klatschen, klopfen; Wörter buchstabieren; Geheimschrift entschlüsseln; nach dem ABC ordnen	Monogramme entwerfen; Namen in alter Schrift schreiben; das Alphabet aufschreiben; Wörter in Buchstabiersprache aufschreiben; Wörter in Geheimschrift schreiben; Buchstaben zu Wörtern zusammensetzen; schwierige Wörter sammeln
Ich bin ich Seite 10 – 15	Kinder genau beschreiben; eine Modenschau planen und moderieren	Einen beschreibenden Text über eine Person und sich selbst verfassen; Vergleichssätze schreiben; Sätze nach vorgegebenem Satz- und Textmuster schreiben; Einladung schreiben; Wörter mit *tz;* Abschreibtext
Miteinander leben Seite 16 – 25	Über Familienbilder und eigene Familienfotos sprechen und erzählen; über Familiengespräche und Aufgaben im Haus erzählen; über Gefühle und Konflikte sprechen; Rollenspiele spielen und darüber reflektieren; Gesprächsregeln aufstellen; Gestik und Mimik Gefühlen zuordnen	Funktion von Satzschlusszeichen, Satzschlusszeichen setzen; eine Bildergeschichte schreiben und überarbeiten; Wünsche an Freunde aufschreiben; über eigene Gefühle schreiben; Abstrakta, Großschreibung von Nomen; Redezeichen; Wortfeld „sagen“; Gesprächsregeln aufschreiben; Wortstamm; Abschreibtext
Arbeit und Beruf Seite 26 – 31	Über Fotos sprechen; Befragungen vorbereiten und durchführen; Berufe vorspielen; Berufe raten	Berufsbezeichnungen sammeln; Sätze zusammensetzen; weibliche und männliche Form von Nomen; Mehrzahlbildung mit Doppelkonsonanten; Berufswörter üben; Wörter ableiten (*ä/a*); Abschreibtext
Tiere im Garten Seite 32 – 39	Tierbilder nutzen, um eigenes Vorwissen zu versprachlichen: Fragehaltung entwickeln; Gesprächssituation im Rollenspiel erproben	Steckbrief schreiben; Texte abschreiben; Sachtexte formulieren und aufschreiben; Gesprächstext vervollständigen; ein Tierheft anlegen; Abschreibtext
Wasser Seite 40 – 47	Über ein Foto sprechen; Fragen beantworten; Sprichwörter und Redensarten erklären; eine Geschichte verklanglichen	In einen Text die passenden Wörter einfügen; Nomen und Verben zuordnen; eigene Geschichte schreiben und verklanglichen; Verben zum Thema *Wasser* richtig schreiben; Wortstamm in anderen Wörtern wiederfinden; Wörter mit *ss* üben; Ideogramm gestalten; Abschreibtext
Fliegen Seite 48 – 55	Zu einem Bild erzählen; Bildzeichen erklären; flugfähige Samen sammeln; eine Sage lesen	Präpositionen und Objekte in Sätzen verschieben; eine vorgegebene Geschichte stilistisch umgestalten; verwürfelte Sätze zu einer Baubeschreibung umstellen; eine Fantasiegeschichte schreiben; Wortbaustein: *flieg*; Wortbaustein: *Flug*; Wörter mit *ah, eh, oh* üben
Bücher und Medien Seite 56 – 63	Fachausdrücke kennen lernen; Informationen entnehmen	Fragen beantworten; Redensarten übersetzen; Sätze in die richtige Reihenfolge bringen; Geschichte aufschreiben; Gedankenschwarm; Abschreibtext
Jahreszeiten, Feste und Feiern Seite 64– 73	Zu Bildern erzählen; ein Sommerfest planen; Text mit verteilten Rollen lesen; über Satzzeichen sprechen; das Wort *Kartoffel* in verschiedenen Sprachen; Frage- und Antwort-Spiel	Eine Geschichte zu einer Bildergeschichte schreiben; Fragen aufschreiben und beantworten; eine Einladung schreiben; einen Text abschreiben; Fragen zu einem Text formulieren; zusammengesetzte Nomen; Geschichtenanfang und Ende aussuchen; eine Geschichte zu Ende schreiben

Sprache reflektieren	Umgang mit Texten und Medien
	Sich in einem Buch orientieren: Inhaltsverzeichnis, Bilder, Kapitel, Werkstätten, Wörterliste
Geheimschrift kennen lernen; nach dem Alphabet ordnen	Geheimschrift entschlüsseln; ABC-Spiel; Monogramme gestalten; ein Plakat herstellen
Nomen und Artikel; Namen; Adjektive und ihre Funktion; Adjektive in Sätze einfügen; Steigerung von Adjektiven; Adjektive in Sätzen suchen und unterstreichen; aus Nomen werden Adjektive; nach dem ABC ordnen; Adjektive mit -ig und -lich	Texte und Personen zuordnen; Verse für das Poesiealbum; Anleitung verstehen und umsetzen
Verben: Grundform und veränderte Form; Verben in der passenden Form in einen Text einsetzen; Text in die Ich-Form umschreiben; Nomen als Abstrakta; wenn-dann-Sätze; zusammengehörige Nomen, Verben und Adjektive; Beugen von Verben, Verben in einem Text unterstreichen	Passende Verben in einen Text einsetzen; Aussagen mit Betonung vorlesen; Regelplakat; Spielanleitung lesen und umsetzen
Funktion des Subjekts	Gedankenschwarm; Informationen über Berufe einholen
Passende Verben einsetzen; Verben mit Vorsilben; Adjektive und ihre Funktion; zusammengesetzte Nomen	Fragen zu einem Lexikontext beantworten; in Lexika, Printmedien und im Internet nach Sachinformationen suchen
Zusammengesetzte Nomen; Funktion von Verben; Funktion von Adjektiven; Adjektive in flektierter Form einsetzen; Wortstamm Wortfeldarbeit	Nach einer Arbeitsanleitung etwas herstellen; Ideogramm gestalten
Nomen nach Oberbegriffen ordnen; Bildzeichen und ihre Bedeutung; Funktion von Wortbausteinen; zusammengesetzte Nomen; Gebrauch des Artikels	Einen Text sinnerfassend lesen; Bilder und Texte zum Thema sammeln; Anleitung verstehen und umsetzen
Redensarten kennen und verstehen lernen; zusammengesetzte Nomen; Verben in verschiedenen Zeitformen; Wörter nach Oberbegriffen ordnen	Inhaltsverzeichnis und Klappentext; Informationen dem Bucheinband entnehmen; Anleitung verstehen und umsetzen; Lesetagebuch anlegen; am Computer mit einem Leseprogramm arbeiten
Zusammengesetzte Nomen und Artikel; Satzschlusszeichen; Begriffe in fremden Sprachen	Anleitungen verstehen und umsetzen; ein Fest planen und dazu einladen; Frage- und Antwort-Spiel entwerfen; Begriffe in anderen Sprachen vergleichen

Pusteblume

Das Sprachbuch
3. Schuljahr
Neubearbeitung

Herausgegeben von
Wolfgang Menzel

Erarbeitet von
Christel Jahn
Wolfgang Kunsch
Wolfgang Menzel
Udo Schoeler
Brigitte Schulz
Sabine Stach-Partzsch
Katja Vau-Reichardt

Dieses Werk folgt der reformierten Rechtschreibung und Zeichensetzung. Ausnahmen bilden Texte, bei denen künstlerische, philologische oder lizenzrechtliche Gründe einer Änderung entgegenstehen.

ISBN 3-507-**40265**-3

Druck A 5 4 3 2 1 / Jahr 2010 09 08 07 06

Alle Drucke der Serie A sind im Unterricht parallel verwendbar.

Gesamtlay-out: Wladimir Perlin
Illustration: Maren Briswalter, Angelika Çıtak, Hans-Günther Döring, Michael Schober
Umschlag: Magdalene Krumbeck mit einer Zeichnung von Michael Schober

Satz und Repro: More*Media* GmbH, Dortmund
Druck und Bindung: westermann druck GmbH, Braunschweig

Quellen- und Bildquellenverzeichnis
Seite 16: Miteinander leben. Fotos: Ursula Schwarz, Michael Seifert, Studio Schmidt-Lohmann. – Seite 26: Arbeit und Beruf. Fotos: Studio Schmidt-Lohmann. – Seite 33, 34: Tiere im Garten. Fotos: Tierbild-archiv Angermayer. – Seite 35: Archiv. – Seite 40: Erdkugel im All. © Bavaria. – Seite 47: Regen. © F. K. Waechter. – Seite 56, 60: Bücher, Medien. Umschläge: Ulrike Gerold, Wolfram Hänel: So lebten die Ritter. Arena. Würzburg. – Von Rittern und Burgen. Edition Bücherbär. – Seite 63, 67: Fotos: © Georg Kumpfmüller. – Seite 70: Foto: Joachim Jaenicke.